Dennison de Oliveira

Professor-Pesquisador
em Educação Histórica

Informamos que é de inteira responsabilidade do autor a emissão de conceitos.

Nenhuma parte desta publicação poderá ser reproduzida por qualquer meio ou forma sem a prévia autorização da Editora InterSaberes.

A violação dos direitos autorais é crime estabelecido na Lei nº 9.610/1998 e punido pelo art. 184 do Código Penal.

EDITORA
intersaberes

Av. Vicente Machado, 317 . 14º andar
Centro . CEP 80420-010 . Curitiba . PR . Brasil
Fone: (41) 2103-7306
www.editoraintersaberes.com.br
editora@editoraintersaberes.com.br

Conselho editorial
Dr. Ivo José Both (presidente)
Drª. Elena Godoy
Dr. Nelson Luís Dias
Dr. Ulf Gregor Baranow

Editor-chefe
Lindsay Azambuja

Editor-assistente
Ariadne Nunes Wenger

Editor de arte
Raphael Bernadelli

Preparação de originais
Priscilla Cesar

Revisão de texto
Tiago Krelling Marinaska

Capa
Denis Kaio Tanaami

Projeto gráfico
Bruno Palma e Silva

Iconografia
Danielle Scholtz

Dados Internacionais de Catalogação na Publicação (CIP)
(Câmara Brasileira do Livro, SP, Brasil)

Oliveira, Dennison de
    Professor-pesquisador em educação histórica / Dennison de Oliveira. – Curitiba: InterSaberes, 2012. – (Coleção Metodologia do Ensino de História e Geografia; v. 3).

    Bibliografia.
    ISBN 978-85-8212-096-5

    1. História – Estudo e ensino 2. Pesquisa educacional 3. Prática de ensino 4. Professores – Formação profissional I. Título. II. Série.

12-07724   CDD-370.72

Índices para catálogo sistemático:
    1. Ensino e pesquisa: Educação histórica 370.72

Foi feito o depósito legal.
1ª edição, 2012.

EDITORA AFILIADA

Sumário

Apresentação

A História como disciplina acadêmica, 13

    1.1   A História e sua relação com o presente, 16

    1.2   Origens do nosso tempo, 17

    1.3   O Brasil atual, 24

    1.4   A guerra contra o passado, 30

    1.5   A História como disciplina acadêmica e escolar, 34

Síntese, 40

Indicações culturais, 41

Atividades de autoavaliação, 42

Atividades de aprendizagem, 44

O professor-pesquisador, 45

2.1 A pesquisa histórica e sua divisão intelectual de trabalho, 48

2.2 Ensino: indissociável da pesquisa, 53

Síntese, 57

Indicações culturais, 58

Atividades de autoavaliação, 59

Atividades de aprendizagem, 61

Tendências epistemológicas da pesquisa, 63

3.1 Uso de fontes históricas em sala de aula: teoria e prática, 66

3.2 Documentos escritos, 74

3.3 Exposições museológicas, 115

3.4 Audiovisual, 131

3.5 Fontes de história oral, 152

Síntese, 164

Indicações culturais, 165

Atividades de autoavaliação, 167

Atividades de aprendizagem, 168

O professor como pesquisador da sua própria prática, 169

4.1 Universalização da figura do professor-pesquisador, 172

4.2 O livro didático como objeto de pesquisa, 178

Síntese, 182

Indicações culturais, 182

Atividades de autoavaliação, 183

Atividades de aprendizagem, 185

Considerações finais, 187

Referências, 189

Bibliografia comentada, 217

Gabarito, 221

Apresentação

Esta obra é dedicada ao tema da atuação do professor-pesquisador na área de História*. Trata-se de um tema complexo, uma vez que abarca pelo menos três diferentes esferas de atividades humanas na área da educação. A primeira diz respeito à prática docente, que vem acumulando desafios, num contexto em que a escola está perdendo sua função referencial, em face da proliferação cada vez maior de suportes informacionais e da construção de redes de interação e sociabilidade que a internet e outros meios de comunicação tornaram possíveis.

* O termo *História* será grafado com a inicial maiúscula nesta obra quando se referir à **disciplina** curricular.

A segunda esfera a que nos referimos é a da pesquisa. É o tema analisado de forma mais extensa e detalhada neste livro, em razão da complexidade que lhe é inerente. As atividades de pesquisa, em especial aquelas que empregam fontes primárias e são desenvolvidas em sala de aula com os estudantes, têm dado origem a uma literatura que se encontra em plena expansão. Naturalmente que não seria possível, nos estreitos limites deste texto, dar conta da multiplicidade e da variedade de fontes históricas que têm sido empregadas em sala de aula. Optamos, pois, por tratar de tipos específicos que, com base em nossa experiência, têm se mostrado os mais recorrentemente empregados pelos professores da educação básica.

A terceira esfera de atividade é a própria disciplina de História. Trata-se de um ramo do conhecimento milenar que vem dando mostras de uma incessante capacidade de adaptação aos novos tempos. A história, como ciência, tem se transformado com velocidade cada vez maior e a forma pela qual é entendida e praticada se modificou consideravelmente em tempos recentes. Na impossibilidade de abarcar aqui todas as transformações pelas quais essa disciplina passou desde seu surgimento, optamos por focalizar nossas considerações nas mudanças mais atuais, apresentando alguns componentes da relação problemática, tensa e contraditória que nossa sociedade mantém com seu passado.

O objetivo deste livro não poderia ser em hipótese alguma esgotar tais conteúdos. Muitos livros seriam necessários para tanto, tamanho o volume de páginas que seriam demandadas para se chegar a considerações conclusivas sobre temas tão vastos. Contudo, você terá aqui um guia útil para encaminhar o enfrentamento das principais tarefas teóricas e práticas subjacentes aos temas aqui elencados.

Os conteúdos desenvolvidos foram distribuídos em quatro capítulos. O primeiro capítulo traz o tema da História como disciplina acadêmica e escolar. O objetivo consiste em discutir a relação que a História tem com a sociedade atual. Outra preocupação foram as implicações da forma que esse ramo do conhecimento assume em diferentes instituições: na Indústria Cultural*, na universidade, e na escola de educação básica.

O segundo capítulo aborda a figura do professor-pesquisador, retomando os pressupostos teóricos que levaram ao surgimento dessa categoria social. Também são enfocadas as políticas públicas que, em tempo recentes, têm se dedicado a tornar universal a condição de pesquisador a todos professores.

O terceiro capítulo é, certamente, o mais importante do livro. Nele, são apresentadas as tendências epistemológicas atuais da pesquisa. A ênfase se dá no uso de fontes históricas em sala de aula e nas pesquisas históricas que os alunos podem realizar com elas. Cabe aqui advertir, novamente, que não pretendemos esgotar o entendimento de como o conhecimento histórico é produzido com base nas fontes citadas, mas apenas e tão somente indicar a você quais procedimentos e abordagens constituem o trabalho empírico da pesquisa.

O último capítulo trata do professor como pesquisador da sua própria prática. Afinal, não é só a ciência histórica que está em constante transformação. Também a prática docente se adapta e se modifica, em função das mudanças que essa área do conhecimento e o trabalho escolar estão sempre sofrendo. Muitos e variados são os temas e os objetos de pesquisa possíveis de serem abordados como parte do exercício docente. Mesmo assim, fazemos aqui a defesa da pesquisa, da interpretação e da crítica que o livro didático de História proporciona, como o primeiro e mais importante objeto de investigação a ser encarado por você no papel de professor-pesquisador. As razões para essa ênfase

---

* A expressão *Indústria Cultural* designa o processo social de produção, distribuição e consumo de bens simbólicos (filmes, jornais, revistas etc.) produzidos industrialmente (Horkheimer; Adorno, 1985).

são claras para todos que sabem do importante lugar que esse recurso didático ocupa na realidade escolar que vivemos e que, ainda durante muito tempo, haverá de assim permanecer.

    Boa leitura!

Capítulo 1

O objetivo deste capítulo é interpretar as origens, as condicionantes e as implicações do trabalho do profissional da área de História, seja como professor, seja como pesquisador. Os conteúdos se referem principalmente à conjuntura atual, por entendermos que a prática profissional do historiador é fortemente condicionada por determinados elementos da conjuntura histórica na qual ele vive e trabalha. Assim, são destacados os principais componentes que influenciam o exercício da profissão de historiador. Referimo-nos aqui aos fatores de maior influência sobre a relação que a sociedade mantém com a história, e as implicações dessa interação para a prática de pesquisa e docência nesse ramo do conhecimento.

A História como disciplina acadêmica

Neste capítulo, pretendemos conscientizá-lo do peso que representa a atuação de forças sociais que trabalham contra a formação de uma cultura histórica e de uma relevante relação da sociedade com sua história. Também apresentamos as enormes oportunidades que nossa época oferece para a construção de cidadãos conscientes, críticos e participativos justamente por meio do desenvolvimento de formas de pensar historicamente a realidade.

1.1 A História e sua relação com o presente

Refletir sobre a formação do professor-pesquisador implica pensar a forma que a História assume como disciplina acadêmica e campo de atividade profissional. Tal postura, por sua vez, requer considerações preliminares sobre a maneira pela qual se organiza a sociedade atual, com base em uma perspectiva histórica. Afinal, os processos pelos quais se dão a formação, o recrutamento, o exercício profissional e a inserção cultural e política dos que lecionam a disciplina de História varia enormemente conforme cada contexto histórico específico (Bloch, 2001; Bourdé; Martin, 1985).

Existe outra razão, igualmente importante, para que se proponha aqui uma interpretação sobre a realidade atual. A História, embora seja uma disciplina acadêmica, sempre é levada a transferir ao passado as questões que estão afetando a sociedade no presente. A história é entendida como "ciência do presente", precisamente devido à sua ambição de, ao pesquisar o passado, fazer avançar o entendimento referente ao nosso presente (Febvre, 1985). A questão inescapável, que você mesmo pode colocar, é: A que presente estamos nos referindo? Ou, em outros termos: Como o estudo do passado pode contribuir para o entendimento do presente se não temos, de antemão, uma interpretação coerente que nos permita entender esse mesmo presente?

Não é cabível fazer, nos estreitos limites deste trabalho, uma síntese, ainda que muito breve, das principais características da atual conjuntura histórica. Contudo, podemos apontar pelo menos alguns dos elementos que, tomando-se por pressuposto o exame da literatura disponível, assumem importância especial, em se tratando de refletir sobre o papel que o professor-pesquisador de História assume no contexto atual.

Pensamos que, entre as várias características da conjuntura presente, algumas assumem importância central. Os dias atuais decorrem num contexto que tem como características principais o **presentismo** e o **multimidiatismo**. Tal contexto se caracteriza ainda por ser dominado por elementos da Pós-Modernidade*, que associamos, na política e na economia, à era neoliberal (Pereira, 1997), ou da globalização (Castells, 2006) ou, ainda, da acumulação flexível (Harvey, 1995), como se queira chamar. Então você pode se perguntar: "Quando teria tido início essa conjuntura?".

A história é um processo que transcorre de maneira contínua. Na realidade, está em permanente transformação social, o que coloca como problema a forma pela qual a dividimos em períodos. Essa escolha didática é utilizada meramente para fins de estudo. E, como qualquer recorte que se faz de uma realidade, toda periodização está aberta à problematização, contestação ou crítica.

1.2 Origens do nosso tempo

Em se tratando de marcar a especificidade da época que vivemos, podemos, para começar, tentar nos balizar cronologicamente em seus primórdios. Existe um razoável consenso, na literatura acadêmica, sobre

---

* O termo *Pós-modernidade* é usado para se referir de forma genérica ao contexto atual – engloba o final do século XX até a atualidade. A expressão tem sido objeto de intenso debate e inúmeras controvérsias. Ainda assim, é empregada para designar uma multiplicidade de transformações ocorridas em diferentes esferas da atividade humana em tempos recentes. Por exemplo: em sua dimensão econômica, é utilizada para designar a sociedade pós-industrial, na qual a produção de conhecimento se tornou muito mais importante do que a produção de mercadorias; nas ciências humanas e na filosofia, o termo remete ao fim das metateorias, isto é, da recusa tanto das narrativas universalistas que propunham um "centro" para a história quanto do próprio critério de "verdade" que elas pressupunham; nas artes e na arquitetura, a Pós-Modernidade se refere à superação da estética e dos métodos de trabalho associados ao modernismo. Existem, ainda, outros tantos usos possíveis.

o marco temporal de nosso contexto sócio-histórico, no que se refere a seus componentes principais: meados dos anos 1970. Esse contexto é associado à crise do capitalismo de base fordista, à crise do petróleo, ao aprimoramento dos meios de comunicação, à emergência da política neoliberal e à consolidação de um estilo de vida e de uma cultura que se convencionou chamar de *pós-moderna* (Harvey, 1995). No caso brasileiro, para além da influência que essas transformações exerceram, você também deve levar em conta as mudanças de caráter demográfico, em especial aquelas associadas à urbanização (Oliveira, 2002) e aos papéis de gênero (Rodrigues, 2007).

As enormes transformações pelas quais passou a sociedade contemporânea guardam estreita relação com as mutações do capitalismo a partir de meados da década de 1970, no Brasil e no mundo. Como já mencionamos, essa época é associada à crise do capitalismo de base fordista e, simultaneamente, às crises do modelo econômico keynesiano e do Estado de bem-estar social (*Welfare State*).

O capitalismo fordista se caracterizou pelo desenvolvimento da produção em massa de mercadorias e também pela correspondente criação de um mercado de bens de consumo de massa. A padronização dos produtos, a industrialização em larga escala e a velocidade cada vez maior do processo produtivo levaram a um enorme ganho de produtividade, bem como ao correspondente barateamento dos preços das mercadorias produzidas. Esse sistema econômico foi progressivamente adotado por todo o mundo capitalista, criando uma Sociedade do Consumo*, que acabou

---

* O termo *Sociedade do Consumo* é usado para se referir às sociedades contemporâneas nas quais o laicismo, a despolitização, a alienação e o poder de persuasão dos meios de comunicação de massa conduzem os indivíduos a fazerem do consumo de uma variedade de bens (duráveis, não duráveis e simbólicos) o centro de suas preocupações e a razão de suas vidas.

se tornando sinônimo do modo de viver ocidental – embora esse sistema também exista em algumas sociedades orientais.

A produção em série legou também uma estética que lhe era inerente. A necessidade de se produzir grandes quantidades, em reduzido período de tempo, acabou levando à padronização dos produtos. O barateamento também impunha uma mínima (ou inexistente) variabilidade estética. Assim, a padronização (estandardização) dos produtos acabou sendo uma das marcas registradas da modernidade fordista. Você mesmo já deve ter ouvido falar que, para enfatizar esse aspecto, o próprio Henry Ford (1863-1947) teria dito que se poderia comprar carros de qualquer cor, desde que fossem pretos.

No entanto, esse sistema econômico aparentemente sustentável, paulatina e progressivamente, começou a apresentar falhas: a progressiva saturação dos mercados, o acirramento da concorrência, à medida que mais e mais países iam se industrializando numa base igualmente fordista, levaram a uma progressiva queda da taxa de lucros que, por volta do final dos anos 1960, já assumia proporções realmente graves. A queda nos lucros teve impacto também sobre a arrecadação de impostos, levando diversos países do capitalismo avançado ao endividamento e à inflação – que era, fundamentalmente, uma decorrência da emissão de papel-moeda para custear os gastos públicos, num contexto de queda da arrecadação tributária (Harvey, 1995).

A partir de 1973, com a eclosão do primeiro choque do petróleo, que levou a sucessivas multiplicações do preço do produto, a crise se instalou no mundo capitalista. Da noite para o dia, o corte de custos no processo produtivo e a redução do consumo de energia se transformaram nas maiores prioridades. A súbita e drástica elevação dos preços da principal matriz energética do capitalismo levou também a uma série de transformações estruturais: entre outras, provocou uma significativa reestruturação industrial, ocasionando a redução ou a eliminação de estoques, a introdução de novos métodos e técnicas produtivas, o desenvolvimento de novos produtos, a flexibilização dos contratos de trabalho e mobilização de novas reservas de mão de obra, capazes de rebaixar os gastos com salários. O processo produtivo passou a depender, cada vez mais, das terceirizações e subcontratações, a fim de reduzir custos e incertezas quanto à taxa de lucro. Isso sem falar na constante utilização de formas ilegais ou clandestinas de exploração da mão de obra.

Essas transformações puderam ser impostas pelos patrões à classe operária, em boa medida, por causa da recessão. De fato, já em 1975, como já mencionamos, esse fenômeno já era observado em escala mundial, sendo responsável por um substancial aumento do desemprego e pelo correspondente enfraquecimento do poder de reivindicação dos sindicatos. Nesse contexto, intensifica-se a transferência de parcelas, cada vez maiores, do processo produtivo dos países centrais para a "periferia" do capitalismo, a fim de aproveitar os salários mais baixos, pagos nesses países (numa situação que é, provavelmente, familiar a você). Esse período recessivo iria se prolongar, e também se intensificar, com a eclosão de um segundo choque do petróleo, deflagrado em 1979.

As mudanças estruturais do capitalismo mundial ocorreram, paralelamente, a um extraordinário desenvolvimento dos meios de comunicação e à revolução da informática. A telefonia digital e celular, a comunicação via satélite, a internet, a criação de bases de dados digitais, a televisão a cabo, o tratamento digital de imagens etc. possibilitaram não só a criação de novos produtos, mas também a coordenação de processos econômicos, de forma simultânea e em escala global. Além do setor produtivo, também as operações financeiras se beneficiaram desse desenvolvimento das comunicações e do processamento de dados. De fato, em poucos anos, foi criado um mercado financeiro de amplitude mundial e de funcionamento praticamente ininterrupto, restringido apenas pelos horários de funcionamento das diferentes praças bancárias ao redor do mundo, dependentes do fuso horário global. As dimensões desse mercado se expandiram contínua e rapidamente, a ponto de, ao fim da primeira década do século XXI, num processo em que todos fomos testemunhas oculares, as operações financeiras representarem um valor várias vezes maior do que o próprio Produto Interno Bruto (PIB) mundial (Castells, 2006).

As transformações nos sistemas produtivo e financeiro deram lugar simultaneamente à emergência da política neoliberal. De fato, a crise do capitalismo fordista é paralela à do Estado keynesiano e do bem-estar social. Essas diferentes facetas do Estado capitalista, nas economias avançadas, foram instauradas a partir da crise de 1929, conhecendo sua expressão mais acabada após a Segunda Guerra Mundial. Com a crise econômica mundial, elas receberam amplas críticas e contestações.

No arranjo institucional inspirado nas teorias econômicas de John Maynard Keynes (1883-1946), coube ao Estado Nacional intervir, por meio de políticas econômicas e financeiras adequadas, no intuito de conter as piores consequências advindas da alternância de ciclos de recessão (desemprego, capacidade ociosa etc.) e crescimento do capitalismo (inflação, "gargalos" na economia etc.). Assim, você deve perceber que ao Estado foi garantido o papel de regulador de uma série de atividades econômicas e mesmo do próprio nível de atividade da economia como um todo. Mais ainda, coube ao Estado regular os conflitos entre as classes sociais, em especial os de origem trabalhista, e atuar como produtor direto de bens e serviços, mediante a criação de uma série de empresas estatais.

Esses múltiplos papéis econômicos e sociais foram, a partir da crise dos anos 1970, duramente criticados pelos movimentos políticos e doutrinários de inspiração neoliberal. Estes defendiam que a excessiva regulamentação estatal levou à crise, uma vez que havia inibido os mecanismos de mercado, que defendiam a competitividade, a qual, por sua vez, seria a matriz dos ganhos de produtividade e de eficiência econômica. Os neoliberais também entendiam que o Estado deveria privatizar as empresas públicas (Biondi, 1999, 2000), tidas como economicamente ineficientes e também fontes de corrupção, num processo que também deve soar familiar a você.

A forte influência exercida por sucessivos governos de orientação social-democrata havia comprometido, a partir dos anos 1930, diferentes Estados Nacionais com a participação no processo histórico de construção da cidadania. Partiu-se do pressuposto de que a cidadania econômica era pré-requisito para a cidadania política procurando responder à forte pressão política para minorar as horríveis consequências sociais legadas pela crise de 1929. Assim, distintos governos de inspiração social-democrata, socialista ou mesmo conservadora criaram uma série de leis e programas destinados a garantir um mínimo de condições de subsistência, moradia, acesso à saúde, educação etc. para toda a população. Essas iniciativas deram origem ao chamado Estado de bem-estar social (*Welfare State*).

O declínio da taxa de lucros das empresas a partir do final dos anos 1960 levou à queda da arrecadação de impostos e, portanto, da capacidade do Estado de bem-estar social de atender às múltiplas demandas sociais com as quais havia se comprometido. O resultado foi um ataque político e ideológico das forças de direita contra o *Welfare State*, tido como ineficiente e dispendioso, fazendo coro com os neoliberais e exigindo um novo rearranjo do poder público, que eles chamavam de *Estado Mínimo*. Sob essa ótica, os serviços sociais não deveriam ser disponibilizados a todos pelo Estado, mas, sim, buscados por cada indivíduo no mercado, numa retórica que, novamente, talvez soe familiar a você. Mais ainda, os neoliberais defendiam a desregulamentação do mercado de trabalho e a flexibilização das leis trabalhistas, a fim de achatar os custos com a mão de obra. Logicamente, o conceito de

Estado Mínimo também previa a retirada do poder de regulação das autoridades públicas de uma série de setores produtivos, bem como a privatização das empresas estatais.

A partir da eleição de governos de orientação neoliberal, como os de Margareth Tatcher (1979) e Ronald Reagan (1980), essas ideias começaram a ser colocadas em prática, sempre com graus variáveis de intensidade e obtendo êxitos discutíveis. No caso brasileiro, o Governo Collor (1990) foi responsável por iniciar uma autêntica era neoliberal, marcada pela retirada do Poder Público da atividade regulatória de vários setores produtivos, pelo revigoramento da abertura da economia ao investimento estrangeiro e por uma agressiva política de redução da importância econômica do Estado, o que incluiu extensas privatizações de empresas públicas (Pereira, 1997).

Tais transformações políticas, econômicas e sociais também tiveram seus equivalentes na cultura. Com o declínio dos sindicatos e dos movimentos populares, o individualismo exacerbado deslocou o espírito coletivista. A padronização estética do fordismo cedeu lugar a uma profusão de estilos e tendências, cujas marcas mais notáveis foram o ecletismo e a fugacidade. A emergência dos movimentos *gay* e feminista fez com que o erotismo, baseado no apelo genital e falocêntrico, tivesse de concorrer com a polimorfia e a androginia. Os gêneros artísticos perderam muito da sua identidade, graças ao recurso cada vez mais frequente da intertextualidade mútua entre todos eles. Aliás, a própria ideia de obra de arte foi colocada em xeque nesse período, em face de conceitos de "processo", *"performance"* e "instalação" (Hunt, 1992).

Ao longo da segunda metade dos anos 1960, a revolução artística ocorreu simultaneamente à revolução sexual (Loyola, 2003), à eclosão do movimento feminista, às reivindicações dos direitos civis dos negros e dos *gays*, aos movimentos pacifista e antinuclear e assim por diante. Dessa forma, o centramento (político, ideológico etc.) foi cada vez mais desafiado pela proliferação de novas ideias e doutrinas, as quais emergiam de lugares e instituições anteriormente consideradas periféricas, se não marginais ao tradicional sistema político-partidário. Todos esses processos foram, posteriormente, muitíssimo impulsionados pela disseminação da internet, veículo essencialmente anárquico e não hierarquizante.

Chegamos assim num contexto no qual a liberdade sexual e a liberalização dos costumes parecem se aproximar de um auge. Herdeiros de uma antiga tradição patriarcal, fica cada vez mais difícil nos lembrarmos ou fazermos referência a alguns de seus elementos fundamentais, como: a proibição do sexo antes ou fora do casamento, a impunidade dos "crimes em defesa da honra", a restrição dos papéis sociais das mulheres apenas ao âmbito doméstico e familiar etc. O corolário desse processo de mudança será, provavelmente, o reconhecimento legal do casamento homoafetivo. E, uma vez aprovado, bem poucos se surpreenderão, pois – pelo menos no Brasil – casais de indivíduos do mesmo sexo já desfrutam de direitos praticamente iguais àqueles garantidos aos casais heterossexuais.

1.3 O Brasil atual

A história do Brasil, ao longo da segunda metade do século XX, foi marcada pelo abandono parcial dos valores da cultura patriarcal (Mota, 1980), em proveito de maior liberdade sexual, de uma moral mais tolerante e arranjos familiares cada vez mais diversificados. Dos casamentos arranjados, típicos da elite dominante da República Oligárquica (1889-1930), até as uniões estáveis e informais, reconhecidas pela atual Constituição Federal, percorreu-se um longo caminho em direção a uma radical transformação.

A expectativa agora é a legalização do casamento entre pessoas do mesmo sexo, provável ápice desse processo de transformação social, o qual, ressalta-se, não transcorreu de forma homogênea e nem com a mesma intensidade em todas classes sociais e regiões do Brasil (Souza; Botelho, 2001). Com base na literatura citada, você pode perceber que fatores como industrialização, urbanização, laicização, avanço das instituições escolares e da Indústria Cultural exerceram um importante papel no processo. Contudo, a forma pela qual tais fatores atuaram em diferentes regiões e a intensidade com que impulsionaram as transformações culturais não ocorreram de forma constante ao longo dos anos (Stepan, 1988).

Já há algum tempo existe, entre os historiadores, um consenso sobre a aceleração do tempo histórico. Entre os vários fatores comumente associados ao fenômeno, podemos citar o avanço das comunicações, o aperfeiçoamento dos meios de transporte, o acúmulo de conhecimento científico e tecnológico. As sociedades humanas se transformam cada vez mais rápido e a velocidade com que essa transformação ocorre só tem aumentado.

Assim, ao contemplar os últimos 40 anos no Brasil, devemos levar em conta esse processo de aceleração do tempo histórico. A segunda metade do século XX e a primeira década do século XXI foram marcadas pela expressiva velocidade das mudanças e transformações econômicas, culturais, sociais etc. (Skidmore, 1988). No que se refere às mudanças culturais, suas origens têm sido localizadas recorrentemente no impacto da assim chamada *revolução cultural* ou da emergência de uma "contracultura" (como querem alguns), ocorrida na segunda metade da década de 1960. O período vem sendo associado a uma extrema liberalização dos costumes, à informalização das relações sociais, à emergência de uma segunda onda do movimento feminista, ao surgimento de uma nova sociabilidade homoafetiva e à ascensão de uma cultura da juventude, só para citar os elementos mais relevantes. Podemos, por tudo isso, tomar a segunda metade da década de 1960 como um período em que as tendências, aqui em exame, estariam em processo de catalização.

Esses anos também foram marcados por uma profunda mudança demográfica. Em 1970, o Brasil ainda era uma sociedade rural. Já em 1973, pela primeira vez, constatou-se que existiam mais pessoas morando nas cidades que no campo. O processo não se deu, logicamente, de forma homogênea em todo o país. No Paraná, por exemplo, isso aconteceu somente em 1980. Dos anos 1970 para cá, a população brasileira não se tornou apenas urbana, mas tendeu a concentrar-se principalmente em grandes regiões metropolitanas.

Em períodos mais recentes, o processo se intensificou de tal forma que a grande maioria da nossa população (85%) concentrou-se em apenas oito regiões metropolitanas. Destas, as mais importantes são, notoriamente, as do Rio de Janeiro e São Paulo. Entre tantos indicadores relevantes relativos a essas cidades, cabe citar o fato de que nelas se concentra a quase totalidade da nossa Indústria Cultural, incluindo aí praticamente toda nossa indústria audiovisual (Ortiz, 1988).

A mudança para uma economia industrial, a formação de uma sociedade urbana, a lenta universalização da educação básica, os avanços da medicina e o desenvovimento de novas técnicas anticoncepcionais também acarretaram mudanças sociais e comportamentais estreitamente ligadas à demografia. Entre tantos exemplos relevantes, destacam-se as taxas de natalidade e de expectativa de vida. No Brasil, o número de filhos por mulher caiu drasticamente e a expectativa de vida aumentou. Se, nos anos 1970, cada mulher tinha em média aproximadamente 6 filhos, atualmente, esse número diminuiu para 2 (IBGE, 2011b). Nos anos de 1960, a expectativa de vida dos brasileiros não chegava a 55 anos. Hoje, já passa dos 72 (O Globo Online, 2007). Isso significa que a nossa população não irá crescer tão rápido, daqui para frente, quanto cresceu nos últimos 40 anos (período em que aumentou em mais de 100%, passando de pouco mais de 93 milhões de habitantes, em 1970 (O Globo Online, 2008), para 190 milhões, em 2010 (IBGE, 2010; Alves, 2010). De modo correspondente, há a tendência de aumentar o número de idosos (IBGE, 2011a).

As mudanças operadas nos papéis sociais, decorrentes dessas transformações, também foram enormes. Talvez as mais importantes sejam relacionadas à participação da mulher no mercado de trabalho. Ainda nos anos 1970, a expectativa social mais comum, referente à mulher, era de que ela se ocupasse dos trabalhos domésticos e da educação dos filhos. Já nos anos 1980, a participação da mão de obra feminina no mercado de trabalho já era de cerca de um terço do total da mão de obra brasileira.

Com mais mulheres trabalhando, tendo menos filhos, e com o surgimento do divórcio (1975), ocorreu gradativamente o aumento do número de lares chefiados por mulheres (IBGE, 2006). Entre os anos de 1996 e 2006, o número de mulheres administrando lares cresceu de 21% para 30% do total (Spitz, 2007), o que não deixa de ser um indicador da variedade de arranjos familiares que vem se tornando comum no Brasil contemporâneo, com profundas implicações sobre a moral sexual, que rege o comportamento de homens e mulheres.

Também o ensino formal tem exercido um importante papel transformador. A ampliação do acesso das mulheres à educação só começou a ser levada a sério no regime republicano. Somente a partir daí, as mulheres, numa base de massas, tiveram acesso às escolas públicas. O processo foi levado tão longe que hoje, o público feminino já representa a maioria dos estudantes em nível superior. O entendimento das implicações desse índice é da mais alta relevância, pois demonstra a relação entre o grau de instrução da mulher e o planejamento familiar.

Perceba a tendência de que, quanto mais instruída for a mulher, mais tarde e menos filhos ela terá. Inversamente, quanto menor for o grau de instrução desta, mais cedo e mais filhos ela terá (Kennedy, 2001).

A segunda metade do século XX, no Brasil, também foi marcada pelo surgimento e pela consolidação da Indústria Cultural, na qual o audiovisual ocupou papel de destaque. Na atualidade, os produtos da Indústria Cultural são recorrentemente tomados como fontes para o estudo das mudanças culturais, em especial no que se refere às transformações comportamentais. Contudo, também as fontes cartorárias e jurídicas têm sido extensivamente utilizadas. O tipo de bem simbólico ou documento de origem institucional utilizado como fonte para pesquisas tem diferentes implicações, limites e possibilidades. Além disso, o sentido, a abrangência e a velocidade da transformação cultural que neles podem ser percebidos têm variado consideravelmente.

No campo da ciência histórica, você deve ter noção de que as mudanças foram também igualmente profundas. O surgimento da política "terceiro-mundista" colocou em questão as concepções eurocêntricas da história. As reivindicações de grupos minoritários e/ou marginalizados tiraram o sentido da política orientada para conflitos de classes e, consequentemente, das concepções de história neles baseados. A história nacional, anteriormente a única considerada válida ou importante, foi desafiada com intensidade cada vez maior pelas múltiplas histórias regionais, étnicas, grupais e mesmo puramente locais (Burke, 1992). O tradicional foco nas questões sociais, demográficas e econômicas foi deslocado para a história cultural, das mulheres, da vida cotidiana, da vida privada, da sexualidade, das atitudes diante da morte etc. (Burke, 1991). No meio de tantas novidades, a história política voltou a despertar interesse, mas sob enfoques radicalmente diferentes dos tradicionalmente adotados.

A emergência de novos temas e novas problemáticas históricas levou, necessariamente, a novas concepções sobre o que poderiam ser considerados fontes históricas (Pinsky, 2006). O cinema, a fotografia e diversos registros da vida pessoal como diários, cadernos de contabilidade, livros de receitas, testamentos etc. passaram a figurar no rol de fontes históricas passíveis de serem consultadas pelos historiadores (Cardoso; Vainfas, 1997).

Enfim, a história centrada em alguns poucos lugares, épocas e assuntos foi estilhaçada, dando origem a novos temas, novas abordagens, novos objetos (Ferro, 1976). Tão extenso foi o processo de pulverização dos temas e objetos e tão grandes foram suas consequências que se tornou cabível falar em uma história "em migalhas" (Dosse, 1994). Você deve perceber, dessa forma, que as transformações pelas quais a ciência da história passou, em tempos recentes, guardam estreita relação com as transformações mais amplas, experimentadas pela sociedade como um todo.

O estilo de vida e a cultura pós-modernos levaram, afinal, ao surgimento de uma história pós-moderna que, no limite, chegou até mesmo a negar a possibilidade de que a disciplina de História pudesse prover qualquer conhecimento objetivo. Partindo de uma radical abordagem relativista, foi proposto que a história, em si, não existiria como realidade. Tudo o que existiria seriam discursos ou representações sobre a história, que, rigorosamente, foram produzidos por indivíduos com diferentes pontos de vista e, por isso, não seria cabível, nem defensável, propor qualquer hierarquia sobre eles. Assim, a história (como acontecimento) seria inacessível ao historiador. Tudo o que restaria como objeto de estudo para você, na figura de pesquisador, seriam as representações e discursos sobre a história (Guynn, 2006).

Obviamente, esse não é o ponto de vista adotado neste texto. Defendemos que a história, como acontecimento, tem uma existência real. Ao mesmo tempo, reconhecemos o caráter socialmente determinado dos pontos de vista daqueles que produzem os discursos e representações sobre a história. O seu papel como historiador será, então, o de estabelecer o grau de precisão de cada um dos registros disponíveis relacionados a essa área do conhecimento. Cabe a você também tentar avaliar de que forma os compromissos políticos, institucionais e pessoais dos indivíduos que produziram as fontes que nos informam sobre o passado pode afetar a forma pela qual descrevem esses eventos e, por meio da intersubjetividade, inerente ao cruzamento de fontes, estabelecer interpretações que sejam as mais coerentes possíveis com os fatos, tal qual são conhecidos. Essa busca da realidade objetiva, em princípio, é um processo constante e que não tem fim. As verdades históricas são sempre provisórias, e só poderão durar enquanto não forem desconfirmadas por outras evidências ou descobertas.

1.4 A guerra contra o passado

A já citada aceleração do tempo histórico ou, melhor dizendo, aceleração das transformações sociais ao longo do tempo, tem outras consequências para o seu trabalho como historiador. A mais relevante é, sem dúvida, a prevalência de uma concepção presentista da história entre a maior parte das pessoas, em particular as gerações mais jovens.

O **presentismo** é decorrente, entre outros fatores, da fugacidade, da instantaneidade e do caráter efêmero, inerentes a toda produção de bens, principalmente culturais e intelectuais, mas que afetam também os demais bens de consumo e produção (Bauman, 2006). Nessa perspectiva, o passado não existe ou, se existe, não é relevante para o entendimento do presente. O fato acontecido no passado nada tem a ver com o tempo presente, mas isso não impede que este seja explorado, política e comercialmente, em uma infinidade de produtos (livros, filmes, brinquedos, espaços de exposição etc.), afinal de contas, a sociedade, além de **presentista** e **multimidiática**, é também **consumista** (Bauman, 2008).

Para além das determinantes estruturais do presentismo, cabe citar os interesses concretos de grupos e instituições em promovê-lo. Nos tempos atuais, também se verifica uma acentuada decadência moral e intelectual. Como você mesmo deve testemunhar diariamente, a irracionalidade e a impiedade da exploração capitalista de mão de obra e de recursos naturais, o crescente poder dos grupos financeiros internacionais, a inter-relação dos vários ramos do crime organizado com o Poder Público, as igrejas e as instituições da sociedade civil, a disseminação da corrupção em muitas esferas de atividade humanas, a crise da escola e da universidade, o desrespeito institucionalizado pelos direitos dos cidadãos, a crescente irresponsabilização dos governantes etc. tornam possível falar de uma era dominada pela hipocrisia e pelo cinismo, acobertados pelos simulacros de uma "Sociedade do Espetáculo*".

A sociedade capitalista contemporânea tem uma relação problemática com o seu passado. Na atualidade, ao privilegiar o "novo" e o "inédito", a sociedade lança o ponto focal dos esforços midiáticos para a modernidade e o ineditismo dos produtos e serviços. Recorrentemente, a história desses produtos e serviços e de suas respectivas empresas produtoras é ocultada (total ou parcialmente) a fim de impedir que o consumidor perceba que, no fim das contas, talvez eles não sejam tão "novos" e nem "inéditos" e, muito menos, tão "confiáveis" como se apregoa.

Já a classe política (partidos e gestões administrativas) também

---

* A expressão *Sociedade do Espetáculo* foi cunhada, originalmente, por Guy Debord, em 1967, no livro *A sociedade do espetáculo*, no qual o autor sustenta a tese de que a permanente onipresença dos meios de comunicação de massa em nosso cotidiano, com uma constante ênfase em eventos espetaculares, cumpre a função de alienar e entreter o público, os espectadores, desligando-os da realidade em que vivem.

travam uma cotidiana "guerra contra o passado". O esquecimento, por parte do eleitor, das alianças político-partidárias (inicialmente juradas e depois repudiadas) e das promessas de campanha (não cumpridas) não é apenas conveniente para o exercício do poder, mas indispensável. Candidatos, governantes e partidos invariavelmente se apresentam como "novos" e distantes "de tudo isso que está aí", anulam o passado histórico, fazendo uso de expressões como "nunca antes na história desse país". Se apelam para tradições institucionais ou pessoais, é para fazerem uso de uma versão cuidadosamente formatada da história, um simulacro, do qual muitos elementos foram previamente excluídos – geralmente aqueles que seriam os mais relevantes, mas que não são compatíveis com aquilo que poderia ser considerado o uso "inteligente"* do *marketing* político.

Para além do importante papel que essas instituições desempenham da falta de uma concepção comum de história entre a maioria dos membros da sociedade atual, cabe destacar alguns argumentos de contraposição. Considerar que vivemos em uma era de obscurantismo e irracionalismo não quer dizer que não existam também elementos altamente positivos em nossa época, capazes de contribuir para reverter a dominação cultural anti-humanista que nos cerca. Entre outras, cabe citar algumas possibilidades que se abriram para todos nós com a revolução da informática, responsável pela atual Sociedade da

---

* O uso inteligente do *marketing* político é aquele que logra "vender" ao público, isto é, consegue a aceitação das ideias ou dos candidatos que lhe são oferecidos. Nesse sentido, o uso "inteligente" se utiliza da ênfase nas características positivas (reais ou inventadas) do que se quer vender e na ocultação das dimensões negativas ou inaceitáveis do "produto" (seja ideia, seja candidatura).

** "A sociedade da informação está baseada nas tecnologias de informação e comunicação que envolvem a aquisição, o armazenamento, o processamento e a distribuição da informação por meios eletrônicos, como rádio, televisão, telefone e computadores entre outros" (Gouveia, 2004).

Informação⁶. Nessa nova sociedade, as possibilidades de geração, conservação e transmissão, em escala mundial, de todo tipo de informação foram grandemente ampliadas (na verdade, continuam aumentando cada vez mais).

Tecnologias de criação e transmissão de textos, sons e imagens, cada vez mais eficazes e baratas, permitem que, em todas as comunidades – inclusive aquelas supostamente "sem memória", "sem história", "sem cultura" –, pelo menos alguns dos seus membros retomem o processo de rememoração, lembrança e culto das histórias e memórias locais, o que, em outras circunstâncias, não seria possível ou exequível. Você pode imaginar que, no futuro, mais e mais pessoas virão a incorporar esse movimento, o qual guarda estreita relação com a disseminação do acesso à internet e às câmeras de fotos e vídeos digitais. Nunca a memória pôde contar com tantos e tão poderosos registros da história-acontecimento.

Existem outros aspectos positivos, na atual conjuntura, capazes de favorecer o processo de ensino-aprendizagem de História, que é fundamental para a formação do cidadão crítico e consciente, em que pesam todo o presentismo e todos os simulacros já comentados. Curiosamente, o interesse popular pela história só vem aumentando, ano após ano. Isso pode ser mensurado pela recorrência com que diferentes ramos da Indústria Cultural lançam produtos de conteúdo histórico. Você já deve ter percebido que a maioria dos livros mais vendidos na categoria não ficção são de história. No cinema, é frequente que filmes de ficção histórica sejam escolhidos como os melhores do ano, como foi o caso de A lista de Schindler (1993), Amadeus (1984), Coração valente (1995), Forrest Gump (1994), Gandhi (1982), Gladiador (2000), O paciente inglês (1996), Os imperdoáveis (1992), O último imperador (1987), Titanic (1997), entre tanto outros. Na televisão, também abundam as minisséries históricas, as novelas de época e os documentários de história. Na internet, os *sites* que se dedicam a diferentes temas históricos proliferam em proporção cada vez maior.

1.5 A História como disciplina acadêmica e escolar

O interesse popular pela história, tal qual é veiculada pela Indústria Cultural, não tem equivalência àquela que é praticada nos espaços escolares, e isso em todos os níveis de ensino. No que se refere à pesquisa histórica que é realizada nas universidades, já é notório que os resultados só interessam aos próprios acadêmicos, raramente atingindo um público mais amplo. Na educação básica, você já deve ter percebido o desinteresse dos estudantes pela disciplina de História, recorrentemente tida como matéria tediosa e irrelevante. Há um enorme contraste entre as características da história apresentada nos diversos produtos da Indústria Cultural em relação tanto à pesquisa histórica desenvolvida em nível superior quanto ao ensino de história ministrada nas salas de aula de níveis fundamental e médio.

A História, como disciplina acadêmica, praticada em instituições de nível superior e com pretensões à cientificidade, é relativamente recente. Nos países do capitalismo avançado, ela se constituiu como tal a partir da década de 1860. No Brasil, isso ocorreu apenas na primeira metade do século XX. Durante seu processo de constituição, foram marcantes as condições da busca por legitimação. Para poder alimentar pretensões de vir a ser reconhecida como ciência, a disciplina teve de marcar sua especificidade com relação aos outros ramos do pensamento com as quais anteriormente era associada, como a literatura, a moral e a filosofia (Guynn, 2006).

No processo de busca de uma identidade que lhe fosse própria e que, ao mesmo tempo, também lhe conferisse legitimidade acadêmica, a História mudou radicalmente seu conteúdo e sua forma.

O conteúdo passou a ser pautado pela pesquisa de documentos (geralmente de natureza escrita e origem oficial) a fim de conferir base empírica às suas afirmações e hipóteses. O indispensável recurso a fontes de referência, invariavelmente submetidas a críticas de autenticidade e a considerações sobre as motivações que lhes deram origem, permitiu à História fundar um discurso como disciplina, ao mesmo tempo crível e passível de aferição.

Assumindo essa configuração, os métodos de trabalho do historiador se distanciaram bastante daqueles até então vigentes. Agora não seria mais cabível produzir conhecimento para o qual não existissem fontes abundantes e confiáveis, cuja autenticidade pudesse ser posta à prova. As tradições historiográficas, relacionadas com os períodos da História Antiga, Medieval e Moderna, ficaram para trás. Agora, a História não poderia mais se basear em relatos de personalidades notáveis e de grande reputação sobre coisas que aconteceram nem se referir a fenômenos inverificáveis como os milagres, as revelações e as profecias e tampouco se prestar ao enaltecimento, sem base empírica, da ação política de governantes e outras personalidades notáveis (Bourdé; Martin, 1985).

A forma pela qual o discurso sobre a história era enunciado também passou por trasformações profundas. A História praticada em nível acadêmico não poderia mais ser confundida com narrativas ficcionais. Dessa forma, ela teve de abrir mão dos meios retóricos e estilísticos em seus relatos que, durante milênios, foram fontes de recursos para enriquecer, tornar crível seu conteúdo e, assim, atrair público.

A História acadêmica, assim constituída, se converteu então em um domínio de especialistas. Somente eles eram detentores do necessário aparelho de erudição, que os tornava capazes de praticar os métodos e as técnicas de busca, crítica, análise e interpretação de fontes históricas. Dessa forma, os escritos passaram a visar basicamente ao público interno das universidades. Nós, historiadores, nos convertemos praticamente nos únicos consumidores dos textos que produzimos, atuando como leitores e críticos do trabalho de nossos colegas. Vínhamos, desde então, praticando um estilo de História que, tanto pelos métodos empregados, quanto pelo estilo como é expressa, só é inteligível nos meios acadêmicos. Apesar de tudo, foi dessa forma que o conhecimento histórico pôde ganhar credibilidade diante dos outros ramos do saber.

A História praticada nas universidades foi se tornando ininteligível para o grande público à medida que se convertia em disciplina acadêmica. Um processo semelhante aconteceu com a História que era ensinada nos ambientes escolares e que teve início mais ou menos na mesma época em que se criavam ou consolidavam os Estados Nacionais modernos. Consequentemente, os conteúdos eram dominados pela presença de eventos, personagens e ideias que introduziam e convertiam os estudantes ao nacionalismo, ao culto à nação e aos símbolos nacionais.

Dessa forma, o que se objetivava não era o desenvolvimento da capacidade de pensar historicamente, isto é, de analisar com base no entendimento das transformações sociais que ocorreram ao longo do tempo, de refletir sobre como a sociedade se constituiu. O processo de ensino-aprendizagem se concentrava na memorização de alguns elementos que foram atribuídos como capazes de levar os indivíduos a se identificarem como pertencentes à comunidade nacional (Vidal; Faria Filho, 2003). Secundariamente, os personagens e os eventos presentes nos conteúdos didáticos deveriam servir de modelo e inspiração para os estudantes, formatando o tipo de cidadão que a nação, supostamente, estava demandando. Tratava-se de um tipo de ensino muito mais voltado para a doutrinação ideológica do que para a construção da consciência crítica dos indivíduos (Prado, 2005).

O comprometimento do ensino de História com valores associados ao patriotismo e à identidade nacional sempre foi alvo de severas críticas. A maior parte desses protestos permaneceram, contudo, largamente ignorados, em todo o mundo, até o fim da Segunda Guerra Mundial. Foi preciso o choque provocado por esse conflito para que os compromissos do ensino de História fossem revistos (Ferro, 1976). No Brasil, processo semelhante foi vivido, em algum grau, após a ditadura varguista e, com muito mais intensidade, após o fim da ditadura militar e o posterior processo de redemocratização (Munakata, 2005).

Com a promulgação da atual Constituição Federal (1988), da Lei nº 9.394, de 20 de dezembro de 1996 (Lei de Diretrizes e Bases da Educação Nacional – LDBEN) e, muito especialmente, dos Parâmetros Curriculares Nacionais (PCN) dos ensinos fundamental e médio, finalmente foram criadas as condições para que uma nova abordagem no ensino de História pudesse prevalecer (Rodrigues Junior, 2010). Essa abordagem, atualmente vigente e em torno da qual logramos obter um relativo consenso no que se refere à sua adoção, ficou conhecida como *Educação Histórica*. Segundo seus termos, a terminalidade do ensino de História não é a mera assimilação de informações fáticas, mas o desenvolvimento da capacidade de pensar historicamente, que deve partir das ideias históricas já presentes na cultura dos nossos próprios alunos. São as experiências vividas pelos seus alunos que irão ajudá-los a dar sentido ao passado e a incorporar os conceitos históricos. Tal postura irá levá-los, de fato, a conseguir pensar historicamente.

Uma das principais investigadoras dos métodos e técnicas desenvolvidos pela Educação Histórica resume da seguinte forma os objetivos que os estudantes devem atingir a partir dessa nova abordagem:

> *Saber "ler" fontes históricas diversas – com suportes diversos, com mensagens diversas; saber confrontar as fontes nas suas mensagens,*

nas suas intenções, na sua validade; saber selecionar as fontes, para confirmação e refutação de hipóteses (descritivas e explicativas); saber entender – ou procurar entender – o "Nós" e os "Outros", em diferentes tempos, em diferentes espaços; saber levantar novas questões, novas hipóteses a investigar – algo que constitui, afinal, a essência da progressão do conhecimento. (Barca, 2005, p. 17)

Posto nesses termos, os conteúdos históricos deixam de ter um fim em si mesmos e passam a ter a função de ajudar os nossos estudantes a atingir esses objetivos, cujas seleção e definição são feitas levando em conta o maior ou menor grau de eficácia no desenvolvimento de habilidades intelectuais específicas que estão sendo demandadas pelos alunos.

As disputas políticas pela definição dos conteúdos, claro, continua. Você deve estar presenciando hoje, com intensidade cada vez maior, aliás, a luta de diferentes grupos e correntes de pensamento pela imposição dos conteúdos que consideram como os mais "corretos" para a disciplina de História. Representantes dos movimentos negro, feminista, *gay*, ambientalista, regionalista e, até mesmo, empreendedorista, entre tantos outros, têm conseguido com diferentes graus de sucesso impor ou pelo menos propor que o ensino de História adote como conteúdos obrigatórios os temas que consideram mais adequados.

Portanto, continua a prevalecer, na maior parte dos casos, uma concepção errônea e ultrapassada de que o ensino de História pode ser "bom" ou "ruim", conforme os conteúdos que é capaz de inculcar nos seus alunos. Assim, a tradicional História pátria, com seus heróis edificantes e singulares, seus eventos inspiradores e míticos, antes celebrada e cultuada, agora é considerada "ruim". Conteúdos como a história da África, da construção dos gêneros, da preservação ambiental, do estado da federação em que a escola está localizada etc., antes, eram tidos como irrelevantes e, agora, são considerados "bons".

Tratam-se de conteúdos que foram definidos a partir de avaliações carregadas de preconceitos e juízos de valor, que só fazem sentido para os indivíduos que os defendem ou que com eles se identificam. Se tais indivíduos lutam politicamente para impô-los como conteúdos obrigatórios para o ensino de História é porque percebem o valor dessa disciplina para a inculcação dos valores que consideram "corretos" nos estudantes.

Sob a abordagem da Educação Histórica, os conteúdos devem ser definidos levando-se em conta a realidade prática, concreta, na qual vive o aluno. Devem levar o estudante a desenvolver e aplicar conceitos que o permitam entender a história como processo constituinte da realidade em que ele vive e, dessa forma, lograr a necessária autonomia para pensar historicamente.

A luta política pela imposição de conteúdos "corretos" continua. É provável que jamais acabe. Cabe aos educadores comprometidos com um processo educacional libertador (e não mistificador) denunciar essas tentativas de substituir velhas ideologias por novas. Afinal, o pressuposto da Educação Histórica é de que mais importante do que levar os alunos a decorar ou recitar essa ou aquela versão "correta" da História é fazer com que eles entendam com quais mecanismos essa ciência trabalha, como produz e valida suas descobertas e de que forma o pensamento histórico pode ajudá-los a entender e a atuar no mundo no qual estão vivendo.

Formar profissionais capazes de agir no atual contexto e comprometidos com um processo educacional crítico e reflexivo exige de todos nós, inescapavelmente, a adoção de métodos de ensino e aprendizagem diferentes daqueles que são os mais usuais no ambiente escolar. Uma estreita inter-relação entre teoria e prática (saber fazer e saber por que está fazendo), o domínio de literatura atualizada e de nível internacional, a fluência obtida por meio da prática de atividades de pesquisa, de ensino e de extensão, o uso eficaz de diferentes mídias e linguagens etc.

são apenas algumas entre tantas outras habilidades que se espera que venham a ser desenvolvidas e cultivadas no curso de História em nível superior.

Síntese

A partir da leitura do texto, você pôde perceber que a história é um ramo do conhecimento que invariavelmente mantém uma estreita relação com o contexto histórico no qual se realiza. As formas pelas quais a disciplina de História é entendida e praticada variam conforme cada conjuntura histórica.

Nesse sentido, é importante que você esteja sempre atualizado sobre as discussões, as interpretações e os debates focados nas origens do nosso tempo. À medida que o processo de conhecimento histórico avança, vão mudando as interpretações, as teorias e as explicações sobre a forma como o mundo em que vivemos se constituiu e continua a se constituir. Uma vez que estamos tratando de profissionais que exercem atividades no Brasil, você deve prestar atenção adicional aos debates sobre o Brasil atual.

Nada mais perigoso para o profissional da área de história que focar sua atenção exclusivamente no passado, deixando que o presente seja interpretado exclusivamente por especialistas de outras áreas. O historiador é um cientista do tempo presente. Deve olhar para o passado apenas e tão somente para interpretar e entender melhor o tempo em que vivemos.

A nossa sociedade não privilegia ou favorece o trabalho do profissional da área de história. A cultura do presentismo, do imediatismo, da fugacidade e a permanente guerra contra o passado conspiram contra a formação de uma cultura histórica e contra a Educação Histórica. Por isso, esses aspectos devem ser incansavelmente combatidos e denunciados.

Você não pode abrir mão de aplicar seus conhecimentos para constantemente interpretar e reinterpretar, com base nas categorias de análise histórica, as formas pelas quais a História, como disciplina acadêmica e escolar, assumiu suas atuais feições. É importante que você perceba a maneira pela qual a universidade e a escola trabalham com essa disciplina, seus limites e possibilidades e que, como qualquer outra esfera de atividade humana, também foi construída historicamente.

Indicações culturais

Livros

CASTELLS, M. **A sociedade em rede**. São Paulo: Paz e Terra, 2006. (Série A era da informação: economia, sociedade e cultura, v. 1).

Trata-se de uma das mais influentes e importantes interpretações sobre a sociedade contemporânea, abrangendo as transformações políticas, econômicas e culturais, incluindo também aspectos como a internet e a engenharia genética.

ORTIZ, R. **A moderna tradição brasileira**. São Paulo: Brasiliense, 1988.

Nessa obra clássica, Ortiz descreve e interpreta as origens e o processo de consolidação da nossa Indústria Cultural.

Filmes

QUASE DOIS IRMÃOS. Direção: Lúcia Murat. Produção: Ailton Franco Junior, Bianca Murat, Lúcia Murat, Milena Poylo, Gilles Sacuto. Brasil/Chile/França: Imovision, 2004. 102 min.

Conta a trajetória de vida de dois amigos, ambos presos no Presídio da Ilha Grande, no Rio de Janeiro, à época da ditadura militar. Um é branco, de classe média e preso político; o outro é negro, favelado e preso comum. O filme é útil por demonstrar não apenas as enormes transformações pelas quais o país passou no período, mas também as mudanças na maneira como os indivíduos reavaliam a história, à luz dessas mesmas transformações.

MUNDO LIVRE. Direção: Ken Loach. Produção: Rafal Buks, Tim Cole, Ulrich Felsberg, Ken Loach, Rebecca O'Brien, Piotr Reisch. Reino Unido/Itália/Alemanha/Espanha/Polônia: FilmFour, 2007. 96 min.

É a história de uma agência de recrutamento de trabalhadores imigrantes, na Grã-Bretanha atual, num contexto de cínico desrespeito às leis trabalhistas e aos direitos dos imigrantes.

Atividades de autoavaliação

1. Sobre a sociedade contemporânea, é correto afirmar que:
   a) devido ao avanço da consciência ecológica, é resistente ao consumismo.
   b) tem intensa e relevante ligação com seu passado histórico.
   c) tem suas origens nas transformações culturais dos anos de 1960 e do capitalismo na década seguinte.
   d) dedica pouco valor às manifestações multimidiáticas.

2. Sobre a relação entre a disciplina História e os tempos atuais, é correto afirmar que:
   a) é intensamente desafiada pela cultura presentista.
   b) é favorecida pela fugacidade, pela instantaneidade e pelo caráter efêmero das modas e dos costumes.
   c) é cultivada intensamente pela maioria da população.
   d) tem mantido suas características de forma quase invariante desde seus primórdios.

3. Entre as principais características da atual sociedade brasileira, podemos afirmar que:
   a) a maioria da população reside na área urbana e está distribuída, de forma equilibrada, entre o conjunto de municípios brasileiros.
   b) o país ainda submete as mulheres a uma condição subordinada, o que faz delas uma pequena porção do número de trabalhadoras e estudantes.
   c) tem aumentado a tolerância a comportamentos antes tidos como sexualmente desviados, como as relações homoafetivas.
   d) há uma Indústria Cultural pouco significativa e desenvolvida em relação ao tamanho do PIB.

4. Os desafios ao exercício profissional na área de História incluem:
   a) uma classe política e um sistema partidário dedicados ao culto da sua história e da história da coletividade.
   b) a atitude de empresas e instituições que, em seus esforços propagandísticos, enfatizam a tradição e o passado.
   c) o intenso e crescente prestígio social desfrutado pelos historiadores e professores de História.
   d) a falta de condições objetivas para o exercício da função de professor-pesquisador.

5. Entre as características da História, como disciplina acadêmica e escolar, podemos dizer o seguinte:
   a) Baseia-se em textos, discursos e falas facilmente acessíveis para os cidadãos comuns e sempre é de grande interesse para os estudantes.
   b) Nos textos acadêmicos, prevalece uma retórica reflexiva, que permite aos leitores entender de que forma obteve-se os conhecimentos ali contidos.

c) Apresenta características (de forma e conteúdo) praticamente indistinguíveis daquelas presentes nos produtos da Indústria Cultural.

d) Tem se mantido quase inalterada, desde o surgimento dos cursos de História em nível superior.

Atividades de aprendizagem

Questões para reflexão

1. Selecione um tema atual e demonstre, de forma sucinta, como o conhecimento histórico pode ser empregado para ajudar a elucidar a questão.

2. Selecione produtos da Indústria Cultural que tenham conteúdo histórico e que exerçam maior influência sobre o seu interesse pela disciplina de História (filmes, *games*, livros, revistas em quadrinhos etc.). Em seguida, descreva as diferenças, na apresentação desses conteúdos, em relação aos textos acadêmicos e escolares.

Atividade aplicada: prática

1. Selecione dois profissionais do setor produtivo, de gerações distintas, para fazer uma entrevista. Aplique um questionário sobre: idade que tinham no início na profissão, escolaridade requerida, tempo de permanência em cada emprego, idade de aposentadoria etc. Interprete as diferenças entre as experiências de vida de cada um, relacionando-as com transformações causadas pelo capitalismo, em tempos recentes.

Capítulo 2

O objetivo deste capítulo é refletir sobre a teoria e a prática do professor-
-pesquisador. Isso significa que você deve alcançar o entendimento de
dois níveis distintos, mas interdependentes, de análise. Por um lado,
é preciso conhecer e dominar os pressupostos teóricos que levaram à
concepção de que todo professor também tem de ser, necessariamente,
um pesquisador. Por outro, jamais se pode deixar de levar em conta os
condicionantes de ordem prática, que afetam (positiva ou negativamente)
a plena constituição desse profissional.

O professor-pesquisador

É importante que você leve em conta a existência de uma divisão intelectual do trabalho no interior das instituições, no que se refere à pesquisa. Na universidade pública, as condições para o exercício profissional dos professores como pesquisadores são extremamente amplas e favoráveis. Já na escola, em especial na rede pública, apenas recentemente começaram a ser criadas condições para que todo professor também seja um pesquisador. Para a universalização da figura do professor-pesquisador, é preciso, entre outros fatores, que todos partilhem a concepção de que o ensino é uma atividade indissociável da pesquisa.

2.1 A pesquisa histórica e sua divisão intelectual do trabalho

Durante a maior parte de sua trajetória, o ensino de História dependeu de uma divisão do trabalho intelectual, claramente demarcada, em que havia uma separação entre os considerados criadores do conhecimento histórico e os divulgadores. Mais ainda, também se mantinha uma enorme distância, uma clara dicotomia, entre os que divulgavam esse conhecimento e os que o absorviam.

Essa divisão intelectual do trabalho e sua posterior divulgação e absorção eram explicitamente demarcadas no contexto institucional das entidades envolvidas com o ensino de História. Prevalecia aí uma clara hierarquia, que se manifestava de forma incisiva nos níveis econômico, político e social e que tinha a universidade pública como a única responsável por realizar pesquisas de História e formar professores e pesquisadores para atuar nesse campo. A figura do pesquisador universitário só começou a se consolidar, no Brasil, quando foi criada a carreira de professor, já na vigência da ditadura militar (1964-1985), na qual estava previsto o regime de trabalho de dedicação exclusiva na universidade pública. Isso garantiu aos professores um período de tempo considerável para que executassem pesquisas.

Dessa forma, os professores universitários passaram a ter um período de tempo substancial assegurado para o planejamento e a execução de suas pesquisas. A progressiva ampliação de um sistema nacional de financiamento à pesquisa (também à época da ditadura militar), complementado posteriormente por diferentes sistemas estaduais, ampliou ainda mais essas condições de dedicação à pesquisa. A concessão de bolsas de estudo e outras formas de financiamento à pesquisa, somada à disponibilidade de tempo para execução desta (nos termos do regime de dedicação exclusiva), conferiram enorme prestígio social, visibilidade política e, lógico, disponibilidade de recursos econômicos aos professores-pesquisadores de nível superior.

Atingir determinados níveis de produtividade é pré-requisito para que o professor universitário mantenha o financiamento de sua pesquisa. A publicação de artigos em revistas com conselho editorial, dentro e fora do país, a publicação de capítulos de livros e de obras completas, a apresentação de trabalhos em congressos da disciplina (em âmbito nacional e internacional) e a orientação de alunos de graduação e pós-graduação são alguns indicadores, entre tantos outros, passíveis de serem analisados por órgãos de fomento oficiais e também fundações privadas, a fim de decidir sobre a concessão ou a manutenção de bolsas de pesquisador e auxílios à pesquisa.

Levando-se em conta o substancial volume de recursos (seja sob a forma de tempo, seja sob a forma de incentivos financeiros), torna-se fácil entender por que a pesquisa é a atividade privilegiada aos professores, ao menos nas instituições de nível superior. Embora os órgãos representativos da universidade pública e dos professores universitários gostem de apregoar o ideal da indissociabilidade das atividades de pesquisa, ensino e extensão, o fato indisfarçável é que, das três citadas, a pesquisa é a que mais confere prestígio, a que mais dispõe de recursos, a que melhor pode remunerar seus executores.

No entanto, apenas uma minoria de professores universitários dispõe de bolsas ou qualquer outro tipo de financiamento para pesquisa. Ainda assim, grande parte dos professores de universidades públicas se enquadra no regime de dedicação exclusiva e podem contar com boa parte do tempo de trabalho para realizar pesquisas. Com isso, você entende por que a universidade ocupa o ápice da hierarquia de indivíduos e instituições envolvidos com a pesquisa histórica.

Se a pesquisa tem condições relativamente privilegiadas para se desenvolver, o mesmo não ocorre com o ensino de História e, tampouco, com as atividades de extensão. O ensino, exceto talvez o de pós-graduação, tende a ser relegado a um segundo plano, por conta das exigências e dos requisitos de tempo e energia que a pesquisa impõe aos professores. Pior que isso, ao contrário das atividades de pesquisa e de seus produtos derivados (que são capazes de conferir prestígio acadêmico e visibilidade institucional aos autores), as atividades de ensino pouco ou nada acrescentam aos currículos dos professores. Aliás, por conta da isonomia salarial e da estabilidade no emprego, tanto faz se o indivíduo é bom ou mau professor. Profissionais com ótima didática, frequência integral às aulas, pontualidade, bom relacionamento com os alunos etc. recebem rigorosamente os mesmos salários que seus colegas de perfil profissional diametralmente oposto.

As atividades de extensão são consideradas ainda menos relevantes. Geralmente, estão a cargo de uns poucos abnegados, enfrentando dificuldades tanto de ordem financeira quanto de apoio institucional. A exceção, claro, corre por conta dos cursos de extensão que, se forem extrarremunerados, acabam criando condições mais favoráveis para sua execução do que a pura e simples atividade extensionista, que é o ato de estender à comunidade, externa à universidade, os frutos obtidos com as pesquisas.

A ênfase à pesquisa nas universidades públicas deve-se também, em que se pesem todos os reparos aqui feitos, por ser responsável por uma contribuição fundamental para toda a sociedade. Quase toda a pesquisa científica nacional é realizada em instituições públicas, sendo a contribuição das faculdades privadas comparativamente pequena. Livros, artigos, coletâneas, eventos, congressos e outros produtos fazem parte da contribuição maciça, indispensável, que a universidade pública faz ao avanço do processo de conhecimento em todas as áreas e, claro, na área de História.

Pensar no encadeamento da divisão de trabalho intelectual implica analisar também a relação entre a universidade e a escola de educação básica (André, 2001). Assim, deve-se atentar para a relação entre os professores de educação básica e seus estudantes.

Em agudo contraste, os professores de educação básica, em especial os da rede pública, praticamente só se envolvem com atividades de ensino, e isso no sentido mais estrito. No limite, dedicam toda sua carga horária à sala de aula. Os salários extremamente baixos os obrigam a acumular tantos empregos quanto possam. Dessa forma, em vez de se dedicarem exclusivamente a uma única escola, obrigam-se a dividir seu tempo e energia entre várias delas (Ghedin, 2002).

É comum que o tempo de trabalho remunerado que não implica presença em sala de aula seja dedicado, quando muito, à correção de provas e trabalhos, reuniões de área, preparação de aulas e outras providências absolutamente indispensáveis. Apenas recentemente se passou a cogitar a remuneração do professor da educação básica para a pesquisa (Fazenda, 2005).

Dessa forma, chegou-se ao estabelecimento da divisão de trabalho intelectual a que nos referíamos: aos professores universitários cabe desenvolver pesquisas e fazer avançar o conhecimento na área, aos professores da educação básica cabe então divulgar os conhecimentos históricos (não necessariamente atualizados) que outros desenvolveram.

Parece claro que os professores da educação básica não desenvolvem pesquisa devido às precárias condições de trabalho que lhes são oferecidas (Schmidt, 2002). Quando o Poder Público abriu possibilidades para que os professores se dedicassem à pesquisa, estes reagiram de forma imediata e produtiva, como tem demonstrado (já há vários anos) a experiência do Estado do Paraná com o Programa de Desenvolvimento Educacional (PDE), em que foi aberta a possibilidade de alguns professores selecionados se afastarem das atividades docentes por até 2 anos a fim de se dedicarem às atividades de pesquisa, proposição e implementação de projetos de ensino-aprendizagem para uso futuro em sala de aula. No primeiro ano, esse afastamento é integral; no segundo ano, o professor assume 15% da carga horária de que era originalmente encarregado antes de ingressar no programa.

A hierarquização intelectual entre os professores de nível superior e os de educação básica não é um fenômeno que ocorre apenas no Brasil. Em um texto já considerado clássico, que discute a divisão entre professor-pesquisador e pesquisador acadêmico, Zeichner (1998, p. 217) comenta o mesmo fenômeno, tal qual ocorre nos EUA:

> *Muitos dos chamados "projetos de pesquisa colaborativa" ainda deixam os professores na posição de cidadãos de segunda classe ao participarem de um sistema de regras organizadas pela academia. Isto não surpreende uma vez que na maior parte das experiências que pesquisadores e professores têm tido, um é professor e o outro é estudante. Os professores diferem dos acadêmicos por se sentirem marcados por sua experiência, o que os leva a permanecerem em situação hierárquica inferior tanto na escola quanto na universidade, mesmo em situações em que seu conhecimento é maior do que o da academia (Meyer-Reimer e Bruce, 1994). Não é fácil abandonar velhos padrões (Gitlin et al., 1992). Também não surpreende a real pressão sobre os acadêmicos, mas não sobre os professores, de publicarem e de se sobressaírem entre seus colegas (Ladwig e Gore, 1994). Este aspecto do contexto do trabalho dos pesquisadores acadêmicos potencializa e silencia os professores, mesmo em situações supostamente colaborativas.*

A hierarquização intelectual entre professores de nível superior e da educação básica tende a se reproduzir internamente às escolas daquele nível de ensino. Uma série de fatores alheios à vontade dos professores, em especial daqueles da rede pública, leva-os a um estilo de ensino bastante limitado e, de acordo com a literatura vigente, francamente ultrapassado. A limitada carga horária dedicada à disciplina, aos conteúdos extensos a serem ministrados às turmas com números excessivos de alunos etc. fazem com que a prática usual do processo de ensino se limite às aulas expositivas, geralmente seguindo-se o roteiro proposto pelo livro didático ou pela apostila (Pica, 2000).

2.2 Ensino: indissociável da pesquisa

O aspecto paradoxal sobre a forma pela qual essa hierarquia de saberes se mantém e se reproduz é que ela é exercida sob uma geral (e cada vez mais extensa) condenação. Desde a segunda metade do século passado, vem se consolidando, na educação básica, algumas concepções de ensino que defendem a indissociabilidade das atividades de ensino e pesquisa e outras que defendem a relação necessariamente dialógica, interlocutora, de interação constante entre os saberes de educadores e educandos.

No Brasil, a crítica mais incisiva às tradicionais e ultrapassadas concepções de educação certamente é aquela proferida por Paulo Freire, em seu clássico livro, de 1969, intitulado *Pedagogia do oprimido*. Nesse livro, ele desenvolve a crítica do que denomina "visão bancária da educação" (Freire, 1983, p. 67). Nessa abordagem, "o saber é uma doação dos que se julgam sábios aos que julgam nada saber" (Freire, 1983, p. 67). O autor designa a educação "bancária" como aquela na qual o educando é um mero depositário do saber que a ele é transmitido (ou "depositado") pelos educadores, por meio do recurso da memorização pura e simples dos conteúdos. A metáfora das operações cotidianamente realizadas nos bancos e demais instituições financeiras é evidente.

Freire (1983, p. 119) resume as características da concepção bancária de educação nos seguintes termos:

> *a) o educador é o que educa; os educandos, os que são educados; b) o educador é o que sabe; os educandos os que não sabem; c) o educador é o que pensa; os educandos os pensados; d) o educador é o que diz a palavra; os educandos os que a escutam docilmente; e) o educador é o que disciplina; os educandos os disciplinados; f) o educador é o que opta e prescreve sua opção; os educandos os que seguem sua prescrição; g) o educador é o que atua; os educandos os que têm a ilusão de que atuam, na atuação do educador; h) o educador escolhe o conteúdo programático; os educandos, jamais ouvidos nessa escolha, se acomodam a ele; i) o educador identifica a autoridade do saber com sua autoridade funcional, que opõe antagonicamente à liberdade dos educandos; estes devem adaptar-se às determinações daquele; j) o educador, finalmente, é o sujeito do processo; os educandos, meros objetos.*

Em contraposição a essa abordagem, Freire propõe uma educação conscientizadora, a se realizar mediante uma prática dialógica. Nela, é proposta a formação de cidadãos críticos, conscientes, por meio de um processo educacional que prevê autonomia, independência e liberdade dos educandos. A partir daí, essas ideias (defendidas por diferentes educadores e com nuances variáveis) tornaram-se hegemônicas, inclusive em nível mundial.

Coerente com seus pressupostos, Freire também criticou as abordagens que pretendiam que o professor não fosse um pesquisador. Seguindo seus próprios termos, um professor que apenas ensinasse conteúdos que outros lhe inculcaram não deixaria, afinal de contas, de ser um produto da educação bancária e, nesses termos, estaria condenado a repeti-la com seus futuros alunos.

A pesquisa, assim, seria parte inseparável da prática docente e permitiria ao professor elaborar autonomamente sua própria interpretação da realidade, mas de forma sempre dinâmica, nunca estática ou cristalizada. O permanente processo de problematização, investigação e descoberta não seria apenas um fator de atualização dos conteúdos a serem trabalhados em sala de aula, mas condição inerente ao próprio exercício da prática docente. O professor que não seja ele próprio um pesquisador não pode iniciar seus alunos na pesquisa.

Desde então, essa abordagem se tornou consensual. Pensadores recentes, como Demo (2002, p. 24), a tem reatualizado em escritos frequentes:

> A primeira preocupação é repensar o "professor" e na verdade recriá-lo. De mero "ensinador" – instrutor no sentido mais barato – deve passar a "mestre". Para tanto, é essencial recuperar a atitude de pesquisa, assumindo-a como conduta estrutural, a começar pelo reconhecimento de que sem ela não há como ser professor em sentido pleno.

E, certamente, como defende Silva (2005b, p. 391), não faltam temas de pesquisa para o professor. A autora entende que os professores:

> atualmente necessitam se apropriar de muito mais conhecimentos sobre a realidade social e escolar – desde analisar as implicações do modelo neoliberal para concepção de educação até desvendar e interpretar as culturas jovens, suas tribos e ritos; desde analisar criticamente a sociedade desigual em que vive até desvendar a contribuição do conhecimento científico para a interpretação de seus hábitos e práticas; desde decifrar as novas fontes de informação e seus mecanismos até a contribuição da arte como possibilidade de enfrentamento da violência que perpassa nosso cotidiano; desde conhecer profundamente os processos de raciocínio e pensamento dos alunos até dominar processos e modalidades

de construção de um leitor crítico etc. E todos esses aspectos implicam domínio do conhecimento educacional – suas teorias, pesquisas e estudos, seus autores clássicos e contemporâneos, suas análises e interpretações, suas hipóteses e teses: enfim conhecimento; conhecimento racionalmente construído, que permita interpretar os homens, suas sociedades e culturas, seu pensar e seu agir.

O que você pode concluir é que, com cada vez mais intensidade e frequência, o professor da educação básica terá de se converter em um pesquisador. Nos casos, cada vez mais frequentes, em que isso ocorre, tais habilidades terão de ser incrementadas e desenvolvidas permanentemente (Lamare, 2005). Os frutos desse processo já estão surgindo. São cada vez mais abundantes e diversificadas as experiências de pesquisa divulgadas por professores da educação básica, sob uma variedade de meios, em particular na internet.

No caso da História, é importante destacar quais características (intrínsecas a essa área) impõem ao professor um esforço permanente de pesquisa e atualização – lembrando sempre que a pesquisa bibliográfica, com a qual o professor se atualiza e se aperfeiçoa, também é uma forma de pesquisa.

Em primeiro lugar, cabe destacar que a História deve ser entendida como uma disciplina de erudição. É fundamental que aqueles que se dedicam a ela tenham um conhecimento geral vasto e variado, abrangendo da forma mais ampla possível todos os ramos da ciência que se relacionam com a História. O interessado nessa área deve, por princípio, ler e estudar "a fundo perdido", isto é, sem necessariamente ter como finalidade apenas e tão somente a obtenção do conhecimento necessário à execução das suas tarefas. O conhecimento mais amplo e generalista possível, conduzido numa base acadêmica, é indispensável para que possamos, com consistência e relevância cada vez maiores, estabelecer relações entre os componentes do contexto histórico, até mesmo entre os que são distintos.

Em segundo lugar (e isso não é nenhuma particularidade da História), trata-se de uma disciplina em permanente atualização. O conhecimento histórico está em constante transformação, impulsionado pela descoberta de novas fontes históricas, pela adoção de novas interpretações sobre as fontes já conhecidas, pela proposição de novos temas de pesquisa etc. Todas as ciências progridem e se transformam de forma cada vez mais acelerada e a História não é exceção. Esses avanços têm acontecido de forma intensa e, por vezes, dramática. Alguns avanços no nosso processo de conhecimento, por exemplo, podem tornar livros e publicações obsoletos da noite para o dia, exigindo um esforço constante do professor da área para manter-se atualizado.

Por tudo o que foi dito, deve ficar claro para você que somente um professor-pesquisador, dispondo de tempo considerável para atividades de pesquisa, pode tornar-se e manter-se como um docente capacitado na área de História. Daí o consenso finalmente estabelecido em torno da indissociabilidade das atividades de pesquisa e ensino. E, felizmente, as condições para o exercício da pesquisa, por parte dos professores da educação básica, tendem a ser cada vez mais amplas e favoráveis.

Síntese

Todo professor deve ser, ao mesmo tempo, um pesquisador. Somente se pode admitir como professor aquele que ministra conteúdos que ele mesmo pesquisou. Mas, como você deve perceber, esse consenso teórico ainda encontra dificuldades para se realizar na prática. Isso se deve, em parte, a uma concepção superada e arcaizante, segundo a qual a pesquisa histórica se realiza nos quadros de uma divisão intelectual do trabalho. Nos termos dessa divisão, cabe a alguns pesquisar e a outros divulgar os resultados dessas pesquisas em sala de aula.

Naturalmente, essa estrutura é insustentável e, felizmente, vem sendo superada. As tendências estabelecidas pelas políticas públicas (executadas por diferentes níveis de governo) devem levar, em um futuro previsível, a que finalmente o ensino, em qualquer nível e para todas disciplinas (Moreira, 1988), seja sempre entendido e executado de forma indissociável da pesquisa.

Indicações culturais

Livros

BLOCH, M. **Apologia da história ou o ofício de historiador**. Rio de Janeiro: J. Zahar, 2001.

> *Trata-se de um obra fundamental para a teoria da história, com várias passagens relevantes para o entendimento da relação do historiador com seus objetos de pesquisa.*

FREIRE, P. **Pedagogia do oprimido**. 13. ed. São Paulo: Paz e Terra, 1983.

> *Paulo Freire, certamente, foi um dos maiores educadores que este país conheceu. Nesse livro, o autor desenvolve sua crítica à educação tradicional e defende aquilo que entende ser o processo de ensino-aprendizagem.*

Filmes

RAÍZES DO BRASIL: uma cinebiografia de Sérgio Buarque de Holanda. Direção: Nelson Pereira dos Santos. Produção: Márcia Pereira dos Santos e Maurício Andrade Ramos. Brasil: Estação Filmes, 2004. 148 min.

> Esse documentário pretende realizar uma biografia ao mesmo tempo intelectual e pessoal de um dos mais importantes intérpretes da história do Brasil. O filme provê boas indicações de como a pesquisa histórica se realiza e é recebida.

BARRA 68 – sem perder a ternura. Direção: Vladimir Carvalho. Produção: Manfredo Caldas. Brasil: Riofilme, 2000. 80 min.

> Um documentário sobre a repressão policial da ditadura militar ao movimento estudantil na Universidade de Brasília (UnB), extensivamente baseado em depoimentos de participantes dos conflitos.

Atividades de autoavaliação

1. Sobre a participação da universidade na produção do conhecimento histórico podemos afirmar que:
   a) a universidade privada tem um volume de produção científica similar ao da universidade pública.
   b) a universidade pública é a que dispõe das melhores condições para produção de pesquisa científica.
   c) o regime de dedicação exclusiva garante, por si só, aos professores universitários as condições necessárias à realização de suas pesquisas.
   d) inexistem políticas de financiamento à pesquisa universitária atualmente.

2. Sobre a relação da Ditadura Militar com a universidade pública, podemos afirmar que:
   a) desenvolveu tamanho esforço repressivo que levou à paralisação das atividades de pesquisa.

- b) fez do movimento estudantil organizado uma entidade parceira nos esforços de modernização do ensino de nível superior.
- c) impediu o surgimento de um sistema de financiamento à pesquisa.
- d) introduziu, na carreira docente, o regime de dedicação exclusiva, impulsionando as atividades de pesquisa.

3. No que se refere às atividades de ensino e pesquisa, podemos afirmar que:
   - a) existe hoje um sólido consenso de que ambas são inseparáveis.
   - b) foi com o primeiro Plano Nacional de Educação (PNE) que se garantiram as condições da prática de pesquisa na rede pública de ensino.
   - c) a condição de professor-pesquisador deve ser restrita apenas aos indivíduos com real talento para a pesquisa acadêmica.
   - d) o ideal é que o professor da educação básica, em suas aulas, se refira somente a resultados de pesquisa que lhe forem legados pela universidade.

4. No que se refere às condições dos professores universitários e a dos professores de educação básica, podemos afirmar que:
   - a) gozam das mesmas oportunidade para exercer atividades de pesquisa.
   - b) na realização de atividade conjuntas, invariavelmente se instalam relações não hierárquicas.
   - c) na educação básica, ainda não predominam as mesmas condições que favorecem a pesquisa em nível superior.
   - d) na universidade pública, os docentes exercem de forma paritária as atividades de pesquisa, ensino e extensão.

5. As considerações de Paulo Freire sobre o processo de ensino-aprendizagem incluem:
   a) a proposta de uma abordagem pautada pela interação dialógica entre professores e alunos.
   b) a desconsideração pelos saberes dos estudantes, tidos com irrelevantes.
   c) uma marcada distância da realidade vivida pelos alunos.
   d) a defesa da irrestrita autoridade do professor sobre os estudantes.

Atividades de aprendizagem

Questões para reflexão

1. Selecione dois dos professores de quem você foi aluno em algum momento da vida. Escolha um que tenha se pautado por princípios da educação tradicional e outro que tenha ao menos pretendido seguir os métodos de uma educação conscientizadora e dialógica. Atribua a eles pseudônimos e crie um texto comparando as atitudes de ambos.

2. A cultura geral é tão importante para a formação do profissional da área de História quanto os conhecimentos específicos. Rememore e descreva um trabalho de pesquisa que você tenha realizado e para o qual os conhecimentos obtidos fora do ambiente escolar/acadêmico tenham sido proveitosos.

Atividade aplicada: prática

1. Pesquise e descreva as políticas de capacitação e educação continuada do estado ou município onde você reside. Avalie o grau de êxito e eficácia que elas vêm obtendo ou podem obter.

Capítulo 3

O objetivo deste capítulo é tratarmos de algumas questões relacionadas à produção do conhecimento histórico, em particular, à maneira com a qual temos usado as fontes históricas para produzir nosso entendimento do passado. Essa discussão será feita com referência ao uso de fontes históricas em sala de aula para fins de pesquisa e interpretação (Pereira; Seffner, 2008).

Tendências epistemológicas da pesquisa

O conteúdo deste capítulo é o mais vasto do livro e muitas outras fontes históricas poderiam ser incluídas (Assis, 2005; Bonifácio, 2005; Garcia, 2005; Oliveira, 2005). Por causa da longa extensão das possibilidades, apenas os tipos de fontes históricas mais frequentemente usados em sala de aula serão aqui examinados. Você deverá complementar e desenvolver as considerações sobre as fontes em exame, extrapolando-as para outros suportes informacionais, a fim de aferir o maior ou menor grau de validade.

Além de limitar o número de fontes estudadas, também foi necessário restringir a abrangência geográfica a que elas se referem. Neste livro, trataremos somente de fontes relativas à história do Brasil. No entanto, a metodologia que usaremos você também poderá aplicar às fontes que se dedicam à história geral.

3.1 Uso de fontes históricas em sala de aula: teoria e prática

Já há algum tempo que o uso de documentos históricos se tornou comum nas salas de aula da educação básica. Há mais de duas décadas que professores e pesquisadores debatem os méritos, os problemas, os custos e os benefícios de se examinar, nas atividades típicas de sala de aula dos níveis de ensino fundamental e médio, fontes históricas de diversas naturezas e procedências (Bernardo, 2009).

O resultado dessas experiências, reputadas como positivas, em que pese a complexidade inerente ao exercício didático, certamente influenciou a elaboração dos PCN, tanto do nível fundamental quanto do médio. São abundantes e extensas as citações que esses documentos fazem sobre o uso de fontes e documentos, sempre referidos da maneira mais ampla possível, em sala de aula.

Quando falamos do ensino e aprendizagem de História no primeiro ciclo do nível fundamental, notamos que se objetiva conseguir que os estudantes desenvolvam a habilidade de "identificar alguns documentos históricos e fontes de informações discernindo algumas de suas funções" (Brasil, 1997a, p. 40).

Se você consultar a Parte 2 dos *Parâmetros Curriculares Nacionais: História, Geografia* (Brasil, 1997a), que trata do ensino para o primeiro ciclo do nível fundamental – em particular os tópicos "Eixo temático: história local e do cotidiano" (Brasil, 1997a, p. 40) e "Conteúdos comuns às temáticas históricas" (Brasil, 1997a, p. 43) – vai perceber que é citada explicitamente a atividade de "Análise de documentos de diferentes naturezas" (Brasil, 1997a, p. 43). Ainda nessa passagem, o texto se refere ao "Trabalho com documentos":

> *Os documentos são fundamentais como fontes de informações a serem interpretadas, analisadas e comparadas. Nesse sentido, eles não contam, simplesmente, como aconteceu a vida no passado. A grande maioria não foi produzida com a intenção de registrar, para a posteridade, como era a vida em uma determinada época e os que foram produzidos com esse objetivo geralmente tendem a contar uma versão da história comprometida por visões de mundo de indivíduos ou grupos sociais.* (Brasil, 1997a, p. 55)

Nesses textos, a menção explícita e recorrente ao uso dos documentos históricos em sala de aula não aparece desligada das suas implicações mais importantes. A necessidade de serem adotados métodos de análise, contextualização e interpretação é constantemente lembrada:

> *A leitura dos documentos, em um trabalho didático, pode implicar a coleta de informações que são internas e externas a eles. A história do autor e a história da técnica de registro são, por exemplo, informações que podem ser obtidas em outras fontes, auxiliando os alunos a localizarem o contexto histórico do documento e as relações entre os seus conteúdos e a época em que foi produzido. Por sua vez, o material de que é feito, os personagens históricos e os acontecimentos descritos podem ser identificados e localizados, por exemplo, na leitura e análise do próprio documento.* (Brasil, 1997a, p. 56)

Você deve notar que é da maior importância, nessas passagens do texto, a insistência no fato de que o uso de documentos históricos em sala de aula não pode jamais se esgotar no exame do documento em si. O tempo todo nos é lembrado a necessidade do indispensável cruzamento de informações do conteúdo que ele provê com outras bases de dados e referências. Mais ainda, não é deixado de se fazer menção à necessidade de problematização. O uso de documentos históricos, em sala de aula, só se constitui em uma atividade significativa quando, além de tudo isso, também está relacionado à determinada problematização: "a compreensão de que os documentos e as realidades não falam por si mesmos; que para lê-los é necessário formular perguntas, fazer recortes temáticos, relacioná-los a outros documentos, a outras informações e a outras realidades" (Brasil, 1997a, p. 62).

Essas questões são aprofundadas no texto dos PCN, dedicados ao ensino de quinta a oitava séries do ensino fundamental, para a disciplina de História (Brasil, 1998). No que se refere aos objetivos propostos para o terceiro ciclo, é determinado que "os alunos sejam capazes de utilizar fontes históricas em suas pesquisas escolares" (Brasil, 1998, p. 54). Naturalmente, a obtenção de tais habilidades coloca o trato documental constante e diversificado como atividade indispensável em sala de aula.

Na fase final do ensino fundamental, no que se refere aos critérios de avaliação, é colocado de forma clara o que se espera que um estudante desse nível de ensino seja capaz de fazer no que diz respeito ao trato documental. Diz o texto oficial que o aluno deve demonstrar ser capaz de "reconhecer a diversidade de documentos históricos. Este critério pretende avaliar se o aluno é capaz de identificar as características básicas de documentos históricos, seus autores, momento e local de produção, e de compará-los entre si" (Brasil, 1998, p. 63).

Tais capacidades intelectuais não aparecem desligadas de outras habilidades, em especial no que se refere às de ordem redacional e organizacional. Por exemplo: quando os PCN recomendam orientações e métodos didáticos, você deve levar em conta que eles elencam a necessidade de se "ensinar procedimentos de pesquisa, consulta em fontes bibliográficas, organização das informações coletadas, como obter informações de documentos, como proceder em visitas e estudos do meio e como organizar resumos" (Brasil, 1998, p. 77).

Esse texto é ainda importante por abrir um item específico para tratar do trabalho com documentos. Suas considerações podem ser tidas como de alto nível, na medida em que incorporam o "estado da arte" das questões teóricas e metodológicas relativas ao trato documental. Em alguns momentos, a distinção entre o que se espera do professor de educação básica pode ser confundida com a descrição do trabalho do pesquisador acadêmico, como vemos nesta passagem:

> A noção tradicional de que os documentos eram depositários de verdades indiscutíveis diretamente relacionadas com o real foi abalada. Os documentos perderam a dimensão de se bastarem por si só e de falarem apenas por meio de seus conteúdos. Reconheceu-se que a transformação dos registros humanos em documentos históricos depende do trabalho do historiador e das problemáticas relevantes para o seu tempo e sociedade, cabendo a ele dar-lhes nova significação, inseri-los em novos contextos, interrogá-los a partir de temas de estudo e, enfim, realizar todo o trabalho subjetivo de construção de conhecimento subjacente. (Brasil, 1998, p. 85)

Mais adiante, esse nivelamento intelectual fica explícito, como você pode notar no conjunto de recomendações feitas para orientar atividades com documentos históricos em sala de aula (Brasil, 1998, p. 86):

~ *documento não fala por si mesmo, isto é, ele precisa ser interrogado a partir do problema estudado, construído na relação presente-passado;*

~ *para interrogar o documento, é preciso fazer a escolha de um método, isto é, escolher procedimentos que orientem na observação,*

> *na identificação de ideias, temas e contextos, na descrição do que foi identificado, na distinção de relações de oposição, associação e identidade entre as informações levantadas e na interpretação dos dados, considerando a relação presente-passado;*
>
> ~ *os métodos mais adequados são aqueles que possibilitam extrair dos documentos informações de suas formas (materiais, gráficas e discursivas) e de seus conteúdos (mensagens, sentidos e significados) e que permitam compreendê-los no contexto de sua produção.*

O texto dos PCN parece se referir exclusivamente ao trabalho com documentos originais. Tais colocações, contudo, devem ser relativizadas. Inicialmente, os originais de quaisquer documentos são valiosos demais para serem manipulados por um coletivo relativamente numeroso, como são as turmas de estudantes de educação básica. Quando o texto oficial se refere a "documentos originais", você pode entender que ele não está falando de forma literal – está fazendo referência a cópias idênticas, cópias desses mesmos originais. Tais cópias podem ser socializadas com os estudantes, seja pela projeção por meios audiovisuais ou multimídia, seja pela distribuição de cópias impressas. Esse esforço não seria viável se dependesse da disponibilidade apenas dos originais dos documentos.

Não obstante, é de se notar o enorme valor do contato com os documentos originais e da manipulação destes pelos estudantes. É nesses termos que os PCN se referem quando é dito que tal prática "favorece a identificação de informações valiosas sobre o material, o modo como foi trabalhado, o saber cultural utilizado para produzir a obra, os instrumentos empregados etc." (Brasil, 1998, p. 88). Coerentemente com esses objetivos, algumas instituições arquivísticas, como o Arquivo Público do Estado de São Paulo, mantêm atividades de ação educativa. Entre essas atividades, cabe destacar o projeto *O professor e o arquivo* (São Paulo, 2011), no qual:

> *sob orientação de nossa equipe, o professor de História poderá selecionar documentos que o auxiliarão a planejar atividades para sala de aula; trazer seus alunos para pesquisar a documentação disponível em nosso acervo; e assistir à aula introdutória sobre os conceitos históricos relacionados à preservação da memória do nosso Patrimônio Documental.*

Além disso, a referida instituição também oferece às escolas de educação básica uma série de visitas monitoradas, tanto de caráter técnico quanto institucional. Tais visitas são do mais alto interesse, no que se refere ao processo formativo dos alunos, como podemos notar no texto dos PCN (Brasil, 1998, p. 91):

> *O trabalho de preservação de documentos realça o fato de que o passado nem sempre é lembrado espontaneamente. Existe um esforço dos estudiosos e/ou de grupos sociais para recolher, cuidar, estudar, organizar e divulgar lembranças sobre outros modos de viver e de compreender o mundo.*

Iniciativas como essas ainda são muito restritas no Brasil. Mas, independentemente do grau de acesso que as escolas têm aos arquivos (onde estão as fontes históricas originais), o pressuposto é que você e os estudantes, via de regra, manipulem recorrentemente as cópias dessas fontes. E, em se tratando do uso de cópias, você pode considerar manter – ou não – o estilo original de redação da fonte. Afinal, fontes muito antigas, redigidas em português arcaico, podem ser praticamente incompreensíveis para os estudantes.

A tradução ou a adaptação do texto da fonte para o português contemporâneo têm implicações que devem ser levadas em conta. Mas se trata de apenas uma das muitas responsabilidades que recaem sobre você no processo de preparação de atividades que envolvem o uso de fontes históricas em sala de aula. Além disso, os PCN mencionam outras responsabilidades, ao afirmar que é de nossa competência "saber dispor desse recurso no momento apropriado, ganhar experiência em saber conduzir os questionamentos, em solicitar contraposições, em destacar as contradições entre os dados internos às fontes ou obtidos em fontes diferentes" (Brasil, 1998, p. 89). Mais ainda, o texto afirma que também compete ao professor, mediante o uso das fontes em sala de aula, "estabelecer diálogos com outras épocas e evidenciar a reconstrução do passado pelo presente" (Brasil, 1998, p. 92).

As considerações sobre o uso de fontes históricas em sala de aula são retomadas e consideravelmente aprofundadas nos *Parâmetros Curriculares Nacionais: Ensino Médio* (Brasil, 2000), em especial no tópico que se refere ao que se deve ensinar na disciplina de História e como isso deve ser feito. Uma vez mais, você deve notar a ênfase no documento como artefato socialmente produzido, em contraposição à atitude de tomá-lo como mero reflexo da realidade histórica, como já havia sido colocado nos textos relativos ao ensino fundamental:

> À *objetividade do documento – aquele que fala por si mesmo – se contrapôs sua subjetividade – produto construído e pertencente a uma determinada história. Os documentos deixaram de ser considerados apenas o alicerce da construção histórica, sendo eles mesmos entendidos como parte dessa construção em todos seus momentos e articulações. Passou a existir a preocupação em localizar o lugar de onde falam os autores dos documentos, seus interesses, estratégias, intenções e técnicas.* (Brasil, 2000, p. 22)

O já comentado nivelamento do professor de educação básica com o pesquisador acadêmico reaparece explicitamente nesse texto, em especial quando propõe que os métodos da pesquisa historiográfica devem ser reelaborados em situações pedagógicas (Brasil, 2000, p. 26).

Você pode considerar igualmente alto o nível de competências e habilidades propostas a serem desenvolvidas pelos estudantes na disciplina de História. Veja, por exemplo, o requerido para as capacidades de representação e comunicação dos estudantes de nível médio: eles devem ser capazes de "criticar, analisar e interpretar fontes documentais de natureza diversa, reconhecendo o papel das diferentes linguagens, dos diferentes agentes sociais e dos diferentes contextos envolvidos em sua produção" (Brasil, 2000, p. 28).

O texto das *Orientações Curriculares para o Ensino Médio: ciências humanas e suas tecnologias* (Brasil, 2006) também propõe metas igualmente ambiciosas para as habilidades necessárias ao trabalho em História. Entre outras coisas, espera-se que os estudantes sejam capazes de "compreender o passado como construção cognitiva que se baseia em registros deixados pela humanidade e pela natureza (documentos, fontes)" (Brasil, 2006, p. 81).

Finalmente, os documentos oficiais relativos ao nível médio propõem a ampliação do conceito de fontes históricas que possam ser trabalhadas pelos alunos:

> *documentos oficiais; textos de época e atuais; mapas; gravuras; imagens de histórias em quadrinhos; poemas; letras de música; literatura; manifestos; relatos de viajantes; panfletos; caricaturas; pinturas; fotos; reportagens e matérias veiculadas por rádio e televisão; depoimentos provenientes da pesquisa levada a efeito pela chamada História oral etc. O importante é que se alerte para a necessidade de as fontes receberem um tratamento adequado, de acordo com sua natureza.* (Brasil, 2006, p. 73)

Jamais seria possível, nos estreitos limites deste trabalho, dar conta das implicações teórico metodológicas inerentes a todos esses tipos de fontes. Por essa razão, nos limitamos a examinar com você as fontes mais recorrentemente empregadas em sala de aula: os documentos escritos, as exposições museológicas, os audiovisuais e as fontes orais.

3.2 Documentos escritos

Em se tratando do uso de documentos escritos em sala de aula, cabe sublinhar as vantagens mais evidentes, que se referem, por um lado, à familiaridade do seu uso e, por outro, à facilidade de reprodução. O primeiro tópico diz respeito à natureza do processo formativo dos professores de História e dos historiadores. A formação acadêmica desses profissionais tende a enfatizar o treinamento no exame de fontes escritas. Pouca ou nenhuma atenção costuma ser dedicada, por parte dos cursos de graduação em História, ao uso de fontes imagísticas, iconográficas, orais etc. Mais ainda, os egressos desses cursos são treinados a expor os resultados de suas pesquisas também por escrito. Os cursos de formação de professores ou pesquisadores em História raramente se dispõem a treinar esses futuros profissionais nas habilidades necessárias para que possam expor seus resultados de pesquisa em outros meios que não o escrito, como, por exemplo, o audiovisual ou mesmo o hipertexto, típico da internet e do CD-ROM.

Além da maior familiaridade com o tratamento e a análise de textos escritos, os professores da área também se beneficiam com a facilidade de reprodução de fontes históricas dessa natureza. Reproduções idênticas dos documentos históricos podem facilmente ser obtidas por meio de cópias xerográficas (no caso de ser possível ou desejável manter as feições originais desses) e/ou impressões de computador, no caso dos textos terem sido reescritos e vertidos para a linguagem contemporânea.

Para além das vantagens no uso de fontes textuais, não podemos perder de vista a adequação da fonte aos métodos e às técnicas de análise que sejam tidos como os mais pertinentes. No texto que segue, propomos uma forma de análise e interpretação de fontes históricas escritas cujo caráter é consideravelmente geral. Você pode considerar adaptar, expandir, detalhar ou superar as sugestões de encaminhamento metodológicas aqui contidas, sempre no esforço de uma maior adequação do método de análise e interpretação à natureza das fontes que deseje empregar.

É infinita a variedade das fontes históricas, mesmo as escritas. Praticamente qualquer vestígio da ação humana pode ser tomado como documento para a história. Na presente obra, foram mencionados somente os aspectos que entendemos como fundamentalmente inerentes ao trato documental. Os exemplos apresentados são apenas alguns dos diversos tipos de fontes históricas escritas, tendo sido escolhidos por serem os mais recorrentemente empregados pelos professores em sala de aula. São eles: correspondências oficiais, leis e decretos, anúncios de imprensa e discursos e/ou pronunciamentos públicos. A fim de dar a essa limitada amostra uma abrangência um pouco maior, foi feita a opção de tomar documentos de diferentes épocas da história do Brasil (colonial, imperial e republicana) como exemplos.

Em resumo, a metodologia aqui proposta para o uso das fontes históricas, com os estudantes da educação básica, em sala de aula, prevê no mínimo três etapas (não necessariamente separáveis umas das outras): **identificação**, **interpretação** e **problematização**. Elas devem ser precedidas de extensas pesquisas, por parte do professor responsável, tanto na literatura disponível quanto em outras fontes históricas (Cardoso, 1981). Outra providência que precede o uso da fonte em sala de aula é o planejamento da sua reprodutibilidade, seja para fins de exposição, seja para a distribuição de cópias aos estudantes.

A definição do rigor e da intensidade com que cada uma dessas etapas será desenvolvida (e mesmo quais etapas serão executadas) dependerá das finalidades, estabelecidas por você, e do grau de abstração possível à respectiva faixa etária dos alunos. É indispensável que você, previamente ao início da atividade, as tenha executado integralmente, estabelecendo, por assim dizer, um gabarito ou padrão do que entende que sejam os resultados mínimos que deverão ser atingidos pelos alunos.

A etapa inicial será sempre a identificação da fonte. Caberá aos alunos buscar informações, dentro e fora do documento, que permitam essa identificação, na qual devem obrigatoriamente constar data e local de origem, finalidade e menções ao contexto histórico de produção.

A data e o local de origem são geralmente percebidos apenas pela leitura da fonte original. Caso essa informação não exista no documento, cabe a você o recurso a outras fontes de informação. Inexistindo datação e localização exatas para o documento, deve-se propor estimativas de datas e locais, do ponto de vista que seja o mais fundamentado possível.

A finalidade a que se destinava o documento quando produzido pode ser levantada com base no mesmo tipo de procedimento. Uma vez conhecidos os fins a que se destinava a fonte, você pode estabelecer uma importante distinção. O texto foi produzido com a intenção deliberada de constituir um registro futuro para a história ou tinha finalidade puramente instrumental, prática, dedicada a resolver um problema ou questão imediata? Com as respostas, você poderá perceber se o texto constitui, segundo as categorias propostas por Le Goff (1992), um documento (no segundo caso) ou um monumento (no primeiro). Ou, alternativamente, se o texto assume características de ambos.

A contextualização implica a inserção do texto na conjuntura histórica na qual foi produzido. Nesses termos, deve ser entendido como produto da época em que foi gerado. A quantidade de variáveis que podem ser incorporadas ao processo de análise pode variar muito, abrangendo um conjunto de informações extremamente vasto. Você deve se ater às variáveis mais relevantes de análise, expressas nas características autoevidentes do texto ou, inversamente, sobre os silêncios paradoxais ou inexplicáveis, isto é, sobre aquilo que, sendo estratégico ou decisivo para os agentes históricos da época, não foi tratado ou não aparece explicitamente no texto.

A fim de tornar essa etapa mais operacional, o esforço de contextualização pode ser dividido em dois níveis: o contexto histórico geral e o contexto institucional específico da produção da fonte, que é de particular importância na passagem da fase de identificação da fonte para a de interpretação, como você verá a seguir.

A etapa de interpretação do documento não dispensa, em nenhum grau, procedimentos que possam ser associados ao esforço de identificação. Desses, o mais importante é o entendimento do "local" social (no dizer dos PCN) a partir do qual a fonte se expressa. Particularmente, acredito que o mais correto, nesse caso, é assumir que toda autoria, de qualquer documento, se expressa necessariamente com base em um ponto de vista, que é socialmente determinado.

Assim, partiremos do pressuposto de que os diferentes discursos sobre a realidade social não brotam do chão nem caem do céu. São proferidos por indivíduos, agentes históricos do seu tempo, que não são indiferenciados, homogêneos ou indistinguíveis. Muito pelo contrário, presumimos que estamos tratando de pessoas que, independentemente de viverem em diferentes sociedades, não deixam de fazer sentir e expressar diferenças de nível econômico, poder político e influência social de cada um, as quais serão mais ou menos marcantes.

As distintas formas que os discursos assumem sobre a realidade histórica e social são, pois, derivadas do fato de serem enunciadas por diferentes pontos de vista, os quais são socialmente determinados. A base da determinação social dos pontos de vista é que a posição que o indivíduo ocupa nas diferentes hierarquias (social, econômica, institucional, política, militar, racial, de gênero etc.) irá condicionar fortemente ou, no mínimo, influenciar em algum grau a forma pela qual ele se expressa. Portanto, estabelecer o ponto de vista socialmente determinado pelo qual o autor da fonte histórica fala é, ao mesmo tempo, parte do esforço de identificação da fonte e uma etapa da interpretação.

Uma vez que tenha estabelecido o lugar social do qual falam o autor e a fonte, você pode avançar no entendimento de uma série de aspectos relevantes. A que interesses eles atendiam? Quais eram suas intenções? A que objetivos visavam atingir? De que forma os valores e as doutrinas que constituem sua visão de mundo se expressam no texto?

As respostas a essas questões podem ser buscadas em dois níveis distintos, a fim de facilitar a análise da forma e do conteúdo. No que diz respeito à forma, é importante você levar em conta o estilo, a linguagem e a retórica empregados no texto. Nesse esforço, pode ser valiosa a ajuda de um dicionário de termos técnicos e um glossário de termos históricos. Já no que diz respeito ao conteúdo, é importante que você capte o sentido que o texto imputa aos fenômenos históricos, à forma pela qual se refere aos indivíduos mencionados, às estratégias discursivas pelas quais confere (ou nega) valor a eventos, personalidades e instituições.

O último nível de análise das fontes escritas é aquele que se refere à problematização. Mais uma vez, são numerosas as possibilidades de abordagem do documento histórico. A construção de problemas ou as questões a serem colocadas às fontes históricas guardam estreita relação com a época em que a pesquisa é feita. Tornou-se uma banalidade dizer que a ciência da história é filha do seu tempo, mas vale a pena insistir que, se estudamos história, é porque percebemos que existe um problema ou questão em nossa época que se relaciona com a forma pela qual transcorreram os eventos no passado. E a formulação desses problemas ou questões é que vai motivar a delimitação de temas de pesquisas.

Em cada época, cada grupo social, cada geração se dirige à história para buscar entender como e por que determinado estado de coisas se constituiu e, recorrentemente, também para interpretar as diferentes implicações que a transformação da sociedade ao longo do tempo tem sobre o presente. Dessa forma, as possibilidades de problematização da história não apenas são numerosas, mas também mudam ao longo do tempo. Questões que há pouco seriam relevantes perdem espaço para novas indagações, novos questionamentos, novas preocupações.

Voltando aos PCN, encontramos um leque extremamente interessante de sugestões de encaminhamento para a construção de diferentes problematizações históricas. Um bom ponto de partida sugerido no referido documento é a comparação entre as várias épocas históricas que nos precederam e o tempo em que vivemos. O texto se refere à relação presente-passado ou passado-presente. Você poderia, claro, incluir também uma abordagem clássica que, recentemente, voltou a permear, com força total, textos de diferentes historiadores: o passado-futuro ou, inversamente, o futuro-passado.

A liberdade do professor e seus estudantes colocarem questões e criarem diferentes problemáticas para a História não pode, em hipótese alguma, sofrer restrições. Pelo contrário, deve-se deixar fluir a imaginação histórica, propondo-se todo tipo de inter-relação entre a nossa época e as que a precederam. Restrições e readequações a problemas colocados preliminarmente devem surgir com base em objeções de ordem prática (relativas às dificuldades impostas pela pesquisa) ou teórica (relativas ao exame da literatura sobre o assunto em questão).

Nesses termos, as propostas que seguem foram fortemente inspiradas pelo texto dos PCN e devem ser entendidas como sugestões de encaminhamento ao processo de construção de problemas históricos. Em todas elas, você deve ter em vista o caráter essencialmente limitado da prática de se apelar apenas e tão somente ao documento, no esforço de sua resolução. Para a viabilização das propostas aqui formuladas – ou de quaisquer outras que o professor e/ou seus alunos desejem fazer – cabe o apelo a outras fontes de informação, externas ao documento em análise. Os tópicos sugeridos para problematização são os seguintes:

~ De que maneira o documento em análise "constrói" a história? Isto é, qual o impacto que causa sobre os eventos e a história subsequente?
~ De que maneira o documento em análise "é construído" pela história? Ou seja, historicamente quais foram os usos do documento em diferentes épocas e para atender a que finalidades?
~ Que comparação pode ser feita entre a época que o documento descreve e a atual? Ou seja: quais diferenças (de forma) e semelhanças (de conteúdo) podem ser percebidas entre os eventos a que o documento se refere e que nos são contemporâneos?

3.2.1 Documentos da época colonial

Veremos um texto da época colonial que tem sido recorrentemente utilizado por diversas entidades que se identificam com o movimento em prol dos direitos dos negros. O aspecto a ser destacado aqui é a sistemática utilização de apenas partes do texto que, na transcrição a seguir, você encontrará na íntegra.

Morte de Zumbi
Senhor. Dando-se cumprimento ao que V. Majestade tem prometido, vai na presente ocasião um Pataxo para a Ilha da Madeira, e considerando que naquele porto pode estar o navio que com maior brevidade chegue a essa Corte, me pareceu não dilatar a Vossa Majestade a notícia de se haver conseguido a morte do Zumbi; ao qual descobriu um mulato de seu maior valimento que os moradores do Rio de São Francisco presionaram e remetendo-me topou com uma das tropas que aqueles distritos de diques acertou ser de paulistas, em que ia por cabo o capitão André Furtado de Mendonça e, temendo o dito mulato que fosse punido

por seus graves crimes, oferecem (a ele) que assegurando-lhe a vida em meu nome se obrigava a entregar este traidor. Aceitou a oferta e desempenhou a palavra guiando a tropa ao mocambo do negro que tinha já lançado fora a pouca família que o acompanhava, ficando somente com 20 negros, dos quais mandou 14 para os postos das emboscadas que esta gente usa no seu modo de guerra, e indo com os seis que lhe restaram a se ocultar no sumidouro que artificiosamente havia fabricado, achou tomada a passagem. Pelejou valorosa ou desesperadamente matando um homem, ferindo outros e não querendo render-se nem os companheiros, foi preciso matá-los e só um se apanhou vivo; enviou-se-me a cabeça do Zumbi que determinei se pusesse em um pau no lugar mais público desta praça para satisfazer os ofendidos e justamente queixosos e atemorizar os negros que supersticiosamente julgavam Zumbi um imortal, para que entendessem que esta empresa acabava de todo com os Palmares a frota veio a salvamento ao cabo depois de recolher passou a Bahia espero volte para seguir viagem nos últimos dias de abril conforme o dispoem seu Regimento, estimarei que em tudo se experimentem sucessos felizes para que Vossa Majestade se satisfaça do zelo com que procuro desempenhar as obrigações de Real Vassalo. D.S.G. a Real Pessoa de Vossa Majestade de como todos desejamos (em junta?).

Fonte: Pernambuco, 14 de março de 1696, Caetano de Melo e Castro, governador. Arquivo Histórico Ultramarino, códice 265, p. 107. In: BONAVIDES, P.; AMARAL, R. (Org.). **Textos políticos da história do Brasil**. Brasília: Senado Federal, 2002. v. 1.

a Identificação
1. Data e local de origem: Pernambuco, 14 de março de 1696.
2. Finalidade: informar ao Rei de Portugal a morte de Zumbi (documento).

3. Contexto histórico de produção: geral e institucional.

3.1 Contexto histórico em geral: ao final do século XVII, ainda era bastante recente a destruição do Quilombo dos Palmares, o qual (durante muito tempo) havia sido foco de desestabilização da ordem escravista vigente no Brasil. Depois disso, seus remanescentes continuaram a desafiar essa ordem durante décadas. A conjuntura econômica não era favorável ao sistema colonial, em face da queda nas exportações de açúcar. Vivia-se o início da exploração das minas, porém os resultados mais compensadores ainda não haviam sido obtidos. Notava-se uma insatisfação dos habitantes com a exploração colonial que, poucos anos depois, levou à eclosão de algumas revoltas. Pode-se afirmar que se vivia uma época marcada pela crise, senão pela estagnação. Nesse contexto, esse tipo de notícia deveria ser muito bem-vindo para as autoridades reais.

3.2 Contexto institucional: o governador de Pernambuco era submetido à autoridade do Rei de Portugal, a quem devia obediência. A permanência no cargo dependia do atendimento aos objetivos e às metas da administração portuguesa, além de absoluta fidelidade à Coroa.

b. Interpretação

1. Determinantes sociais do ponto de vista: o autor da fonte é um representante do Rei de Portugal na colônia brasileira, membro das elites econômica, política e administrativa do Brasil. Sua formação foi feita sob os valores da monarquia absolutista, da sociedade de ordens e do catolicismo como única fé admissível. Já na condição de membro do aparelho administrativo colonial, estava comprometido com a manutenção da ordem na colônia brasileira, o que implicava a defesa e a

sustentação de instituições como o latifúndio, a escravidão e o caráter complementar da economia local à de Portugal.
2. Forma: o texto demonstra a subserviência do autor à autoridade a qual está se dirigindo, a relativa admiração pelos inimigos recentemente destruídos e o menosprezo por aquilo que entende ser as crenças dos escravos. O autor concorda com os métodos empregados para encontrar Zumbi e se descreve como participante da captura, pretendendo assim tornar-se parte dos esforços que levaram à morte do líder da revolta quilombola.
3. Conteúdo: o documento busca marcar uma nova era na história da administração da colônia ao proclamar o fim definitivo de Palmares e dos palmarinos (o que, historicamente, não é verdade). Durante quase um século após a morte de Zumbi, continuavam existindo focos de resistência, compostos de escravos fugidos. Boa parte do efetivo das tropas encarregadas da destruição dos Palmares (os "paulistas") teve de permanecer na área definitivamente, a fim de impedir um provável ressurgimento do quilombo.

c. **Problematização**
1. De que maneira o documento "constrói" a história: o documento é tomado como a grande baliza cronológica para marcar o fim definitivo de Palmares e da revolta escrava. A maioria das pessoas, e mesmo dos historiadores, partilha da ideia de que a morte de Zumbi representa o encerramento de uma importante etapa da história da resistência escrava no Brasil.
2. De que maneira o documento em análise "é construído" pela história: o documento descreve, com relativa precisão, os eventos que levaram à morte de Zumbi. Desde meados dos anos 1970, os militantes da causa do movimento negro no Brasil insistiam que a data da morte de Zumbi fosse transformada no

Dia da Consciência Negra, em contraposição à data comemorativa da Abolição da Escravidão, no dia 13 de maio. Com isso, os militantes visavam evocar um evento marcado pela luta ativa dos negros escravos contra a opressão branca, em vez de uma celebração pautada pela imagem da passividade da concessão da liberdade aos cativos pela Princesa Isabel. A Lei nº 10.639, de 9 de janeiro de 2003, institui o dia 20 de novembro como o Dia da Consciência Negra.

3. Que comparação pode ser feita entre a época que o documento descreve e a atual?

3.1 Diferenças (de forma): hoje as autoridades públicas não espetam mais, em praça pública, as cabeças daqueles que se insurgiram contra sua autoridade para atemorizar o povo.

3.2 Semelhanças (de conteúdo): as forças policiais e os militares, encarregados de manter a ordem vigente, continuam a atemorizar o povo com práticas de abuso de autoridade, violência policial ou mesmo de perpetuação de crimes contra membros das camadas mais pobres da sociedade.

Vimos, na análise anterior, um texto muito citado, mas quase sempre de forma parcial. Raras vezes a versão na íntegra deste foi publicada e interpretada. Já o texto a seguir é também muito citado, mas suas transcrições, no todo ou em parte, são ainda mais raras. Trata-se da célebre *Proibição das manufaturas no Brasil*, jocosamente associada à personalidade da Rainha D. Maria (por alcunha, "a louca"). Como você irá perceber, o texto nada tem de insano ou irracional, considerando que se insere na lógica da exploração colonial praticada por Portugal.

Extinção e abolição de todas as fábricas do Brasil. Alvará da Rainha D. Maria

Eu a Rainha faço saber aos que estes Alvará virem: que sendo-me presente o grande número de fábricas, e manufaturas, que de alguns anos a esta parte se tem difundido em diferentes Capitanias do Brasil, com grave prejuízo da cultura, e da lavoura, e da exploração das terras minerais daquele vasto continente; porque havendo nele uma grande, e conhecida falta de população, é evidente, que quanto mais se mutiplicar o número dos fabricantes, mais diminuirá o dos cultivadores; e menos braços háverá, que se possam empregar no descubrimento e rompimento de uma grande parte daqueles extensos domínios, que ainda se acha inculta, e desconhecida: nem as sesmarias, que formam outra considerável parte dos mesmos domínios, poderão prosperar, nem florecer por falta do benefício da cultura, não obstante ser esta a essencialíssima condição, com que foram dadas aos proprietários delas; e até nas mesmas terras minerais ficará cessando de todo, como já tem consideravelmente diminuído a extração do ouro, e diamantes, tudo procedido da falta de braços, que devendo empregar-se nestes úteis, e vantajosos trabalhos, ao contrário os deixam, e abandonam, ocupando-se em outros totalmente diferentes, como são os das referidas fábricas, e manufaturas; e consistindo a verdadeira, e sólida riqueza nos frutos, e produções da terra, as quais somente se conseguem por meio de colonos, e cultivadores e não de artistas, e fabricantes; e sendo além disto as produções do Brasil as que fazem todo o fundo, e base, não só das permutações mercantis, mas da navegação, e do comércio entre os meus leais vassalos habitantes destes reinos, e daqueles domínios, que devo animar, e sustentar em comum benefício de uns e outros, removendo na sua origem os obstáculos, que lhe são prejudiciais, e nocivos. Em consideração de tudo o referido: hei por bem ordenar, que todas as fábricas, manufaturas, ou teares de galões, de tecidos, ou de bordados de ouro, e prata; de veludos, brilhantes, setins, tafetás, ou de outra qualquer qualidade de seda; de belbutes, chitas, bombazinas, fustões, ou de outra qualquer qualidade de fazenda de algodão, ou de linho, branca ou de cores; e de panos, baetas, droguetes, saetas, ou de outra qualquer qualidade de tecidos de lã, ou os ditos tecidos sejam fabricados de um só dos referidos gêneros, ou misturados, e tecidos uns com os outros: excetuando tão-somente aqueles dos ditos teares, e manufaturas, em que se tecem, ou manufaturam fazendas grossas de algodão, que servem para o uso, e vestuário dos negros, para enfardar, e empacotar fazendas, e para outros ministérios semelhantes; todas as mais sejam extintas, e abolidas em qualquer parte onde se acharem nos meus domínios do Brasil, debaixo de pena do perdimento, em tresdobro, do valor de cada uma das ditas manufaturas, ou teares, das fazendas, que nelas, ou neles houver, e que se acharem existentes, dois meses depois da publicação deste; repartindo-se a dita condenação metade a favor do denunciante, se o houver, e a outra metade pelos oficiais, que fizerem a diligência; e não havendo denunciante, tudo pertencerá aos mesmos oficiais.

Pelo que: Mando ao Presidente, e Conselheiros do Conselho Ultramarino; Presidente do meu Real Erário; Vice-Rei do Estado do Brasil; Governadores, e Capitães Generais, e mais Governadores, e Oficiais Militares do mesmo Estado; Ministros das Relações do Rio de Janeiro, e Bahia; Ouvidores, Provedores, e outros ministros; Oficiais de Justiça, e Fazenda, e mais Pessoas do referido

Estado, cumpram, e guardem, e façam inteiramente cumprir, e guardar este meu Alvará como nele se contém, sem embargo de quaisquer leis; ou disposições em contrário, as quais hei por derrogadas para este efeito somente, ficando aliás sempre em seu vigor. Dado no Palácio de Nossa Senhora da Ajuda, em 5 de janeiro de 1785. – Com a assinatura da Rainha, e a do Ministro.

Fonte: Registrado a fol. 59 do Livro dos Alvarás na Secretaria de Estado dos Negócios da Marinha, e Domínios Ultramarinos, e impr. na Oficina de Antonio Rodrigues Galhardo. In: BONAVIDES, P.; AMARAL, R. (Org.). **Textos políticos da história do Brasil**. Brasília: Senado Federal, 2002. v. 1.

a. Identificação

1. Data e local de origem: Lisboa, Portugal, 5 de janeiro de 1785.
2. Finalidade: proibir o funcionamento de fábricas no Brasil (documento).
3. Contexto histórico de produção: geral e institucional.

3.1 Contexto histórico em geral: ao final do século XVIII, Portugal encontrava dificuldades cada vez maiores para manter em vigência o pacto colonial ao qual estava submetido o Brasil. Práticas como o contrabando, o comércio direto com outras colônias, a sonegação fiscal etc. se generalizavam, constituindo manifestações tanto do descontentamento dos habitantes quanto da crescente inadequação do pacto colonial às novas tendências econômicas e sociais daquela conjuntura. Dessas, a mais importante era o impacto cada vez maior da Revolução Industrial na Grã-Bretanha. Em correspondência ao desejo (dos habitantes do Brasil) de obter novas fontes de abastecimento de produtos industrializados, instaurou-se a pressão britânica pela abertura de novos mercados para seu crescente parque industrial.

3.2 Contexto institucional: A Rainha de Portugal, D. Maria I, exercia o poder de forma absolutista. Os habitantes do Brasil, então colônia de Portugal, eram considerados vassalos da Rainha, devendo estrita obediência às suas ordens e determinações. Não se cogitava consultar aos brasileiros sobre as medidas que iriam recair sobre eles. Os vassalos deviam apenas obedecer aos desígnios reais.

b. Interpretação

1. Determinantes sociais do ponto de vista: o autor da fonte é a autoridade real, que visava estreitar os controles de Portugal sobre o exclusivismo colonial exercido sobre seus domínios de além-mar, nos quadros de uma monarquia absolutista do período do Antigo Regime. Não podia, contudo, descuidar das bases de sua própria legitimação diante de seus súditos. Assim, a atitude da Rainha remeteu, em várias passagens, à "racionalidade" da medida, para não mencionar que visava ser "benéfica" aos vassalos.

2. Forma: o documento se expressa de forma coerente com o estatuto colonial vivido pelo Brasil até sua independência política em 1822. As justificativas buscavam não intensificar o antagonismo da Coroa com seus súditos, num contexto em que o pacto colonial já estava em crise.

3. Conteúdo: na condição de país submetido às pressões das potências capitalistas e do jogo de interesses do mercado mundial, o desenvolvimento industrial brasileiro continuou a ser definido, na prática, por centros de poder externos à nação. A recente desindustrialização brasileira e a dependência cada vez maior da nossa indústria dos insumos importados são uma evidência disso.

c. Problematização
1. De que maneira o documento "constrói" a história: o entendimento corrente é que esse ato garantiu que o Brasil dependesse das importações dos produtos industrializados (geralmente de origem britânica) vindos de Portugal. Confirma-se assim o estatuto de país de perfil primário-exportador, de economia complementar à de Portugal.
2. De que maneira o documento em análise "é construído" pela história: membros de correntes políticas tão distintas como nacionalistas, defensores da industrialização brasileira, adeptos do liberalismo e, em tempos mais recentes, do neoliberalismo, citam esse documento como uma manifestação da opressão portuguesa sobre o Brasil, da importância de frear o desenvolvimento industrial brasileiro (a fim de manter sua dependência econômica) e do caráter irracional da ação do poder público em se sobrepor às forças de mercado.
3. Que comparação pode ser feita entre a época que o documento descreve e a atual?
3.1 Diferenças (de forma): inexiste a pura e simples proibição de funcionamento de fábricas e manufaturas no Brasil, por parte de autoridades nacionais ou estrangeiras.
3.2 Semelhanças (de conteúdo): em boa medida, são as pressões políticas e econômicas de origem estrangeira que têm moldado o desenvolvimento industrial brasileiro em tempos recentes.

3.2.2 Documentos da época imperial

As fontes de imprensa são frequentemente utilizadas, tanto por pesquisadores quanto por professores, em sala de aula. Para além do potencial intrínseco a elas, é importante levar em conta as implicações do seu uso e também o maior ou menor grau de acesso que é possível ter a elas. As transcrições a seguir são resultado de trabalho de pesquisa com fontes de imprensa que foram microfilmadas.

Publicação a pedido – O recrutamento na província das Alagoas
Em um paiz constitucional como é o nosso, não podem os agentes do poder publico pôr em execução qualquer medida que offenda ou viole a constituição e as leis do Estado. Nenhum fardão de membro supremo ou subalterno do poder executivo reveste aos cidadãos chamados para semelhantes posições de autoridade dietatorial e despótica, nem são ellas tão permanentes nos mesmos cidadãos, que mais tarde terão de despilos, tornando a confundir-se na massa commum dos mais concidadãos. Não há razão, portanto, para que um ministro de estado, ou um presidente de província, que deixára a profissão de typographo para ser accommodado em uma secretaria de estado, e depois elevado a presidente de província, tranque em sua cabeça as leis do Estado, e julgando-se senhor e superior ao pobre povo que o supporta pacientemente, pratique toda a sorte de arbítrio e violação de, por capricho ou vaidade, da alta posição que occupa. O facto, porém, é que na província das Alagoas o seu presidente calculadamente sustentado pelo ministro da guerra, tem-se constituído o senhor poderoso da infeliz província, algoz de tantas infelizes que pranteão a separação forçada de seus maridos que lhes davao o pão, e protector decidido dos proletários que são acobertados pelas longas capas de sua camarilha. Não foi somente victima o infeliz Henrique Manoel de Lima, pardo, casado, maior de cincoenta annos, que illegal e violentamente foi remettido para o sul, a dezenas de outros cidadãos o presidente da província lavrou escriptura de divorcio, arrancando-os do seio de suas mulheres e filhos, que lá ficarão mendigando o pão para não morrer á fome, afim de ser satisfeito o capricho do presidente da província,

e o apparato da remessa de numeroso contingente para a guerra; entretanto que continuão a permanecer alli os que estavão nas condições de seguirem para a campanha, mas que são protegidos pelas influencias da camarilha do presidente, que tem seus fins especiaes no próximo fazimento de deputados á assembléia geral. Na ultima expedição desembarcada hontem das Alagoas vierão, além de outros cidadãos incapazes e isentos do serviço de guerra, os que são abaixo relacionados. Não são portanto, calumniosos os factos apresentados, e em tempo serão produzidas e comprovadas ainda as accusações de que torna-se merecedor esse presidente de província. Mas o capricho não se manifesta somente na violência praticada contra o pobre pai de família, que não presta-se a mostrar--se servil ás influencias da camarilha, manifesta-se ainda quando o infeliz lembrando-se de que não é escravo, diz-lhe: – Senhor, eu tenho motivos legues de isenção, e vós sois obrigado a respeitar a lei que me protege. – Então o infeliz é recommendado ao ministro, que sustenta o seu agente, e não há recurso; os documentos que motivão a isenção são inutilizados, as suas petições não tem despacho, são mal recebidos os que se apresentão por qual motivo de moralidade a fazerem valer o seu direito, as ordens de embarque são dadas com maior atropello, a fim de desapparecerem para o infeliz os recursos que as leis lhe concebem. É este infelizmente o modo por que a província das Alagoas vê os seus filhos sacrificados no capricho de um governo incapaz e arbitrário. É esta a sorte dos que não merecem as graças dos homens do governo. É esta a condição do cidadão constituído livre neste paiz pelas leis do Estado, mas reduzido á condição de escravo pelos agentes de poder. A província das Alagoas não quer, nem poder esquivar-se à contribuição necessária de soldados para a guerra; não está em seus brios deixar de participar da obra final da victoria na guerra que levamos com

tanto empenho, ainda que as centenas de seus filhos que lá estão sejão enterrados em roda do pendão auri-verde, mas não póde deixar de bradar contra a violência que está sofrendo nos direitos que lhe são mais sagrados, contra a falta de garantias que encontra o fraco perante a audácia caprichosa e pertinaz do seu administrador, surdo a toda e qualquer reclamação por mais legal que seja, activão e enérgico na pratica de
abuso e violências, e cego para a vida econômica da província. Não importa que o poder supremo seja indifferente ao nosso reclamo; é nossa obrigação fazê-lo soar bem alto para que um dia não seja o nosso silencio condenado como fraqueza e complicidade estúpida com o poder que autorisa e sustenta semelhente situação. O certo, porém, é que a oppressão violenta e caprichosa que soffre presentemente a província das Alagoas, as queixas e reclamações continuadas que têm subido até os poderes supremos, e que voltão sem serem attendidos, vão encrosando a torrente caudalosa que se forma e que está represada pela ignorância e falta de animo de tantos pacientes, mas que um dia o desespero faria rebentar e correr formidavelmente.

Relação dos cidadãos supramencionados que fazem parte do continente remettido pelo presidente das Alagoas no Vapor Tocantins.

João Francisco dos Santos, casado, com três filhos, mulher em estado de gravidez, pãi, irmã e sobrinha a seu cargo.

Pedro Corrêa, casado, com dous filhos e mulher em estado de gravidez.

José Rodrigues dos Santos, casado, com três filhos, mãi cega e uma irmã aleijada a seu cargo.

João Felix do Nacimento, casado, com 2 filhos menores.

José Rodrigues de Mello, casado com 11 filhos.

Saturnino Gomes de Oliveira, casado, com 6 filhos e mulher cega.
Marcellino Marques da Costa, casado, com 3 filhos.
Rozendo José de Almeida, casado, com 1 filho, mãi idosa e irmã viúva a seu cargo.
João Gomes Damasceno, casado, com 2 filhos, dos quais um é cego.
Arnaldo José Ferreira, casado, com 5 filhos.
G. P. P.
Côrte, 12 de janeiro de 1867

Fonte: JORNAL DO COMMERCIO. Rio de Janeiro. Anno 46, n. 14. Biblioteca Pública do Paraná. Divisão de Documentação Paranaense. Gaveta 39, Microfilme n. 43. In: BATISTA, L. C. **Guerra do Paraguai**: peculiaridades do recrutamento. 2010. 52 f. Monografia (Graduação em História) — Universidade Federal do Paraná, Curitiba, 2010.

a. Identificação

1. Data e local de origem: Rio de Janeiro, 12 de janeiro de 1867.
2. Finalidade: protestar contra o recrutamento, feito ilegalmente, de indivíduos para a luta na Guerra do Paraguai.
3. Contexto histórico de produção: geral e institucional.
3.1 Contexto histórico em geral: iniciado em dezembro de 1864, o conflito da Tríplice Aliança (Argentina, Brasil e Uruguai) se arrastou até março de 1870, exigindo o recrutamento de quase 200 mil brasileiros e provocando a morte de quase 60 mil deles. Dessa forma, encontrar novos recrutas para completar os efetivos das tropas brasileiras tornava-se cada vez mais difícil com o passar do tempo.
3.2 Contexto institucional: a imprensa no Brasil, naquele período, ainda não era o veículo de comunicação de massas que viria a tornar-se no século seguinte. Antes de ser um ramo de atividade da Indústria Cultural, a imprensa tinha

finalidades essencialmente políticas, servindo para apoiar indivíduos e grupos na luta pelo poder. O texto descrito é uma matéria que foi paga pelos seus autores para ser publicada no jornal.

b. Interpretação
 1. Determinantes sociais do ponto de vista: a autoria do texto é desconhecida. Do autor se sabe apenas as iniciais, com as quais assina a matéria (paga).
 2. Forma: pela maneira como se expressa, você percebe que o autor é uma pessoa instruída e, lógico, conta com os recursos necessários para pagar pela publicação de seu texto no jornal. Provavelmente, é um membro das elites locais.
 3. Conteúdo: o autor do texto demonstra conhecer os bastidores da política provincial ao se referir de forma crítica aos processos que levaram o então presidente da província ao cargo e, mais ainda, a forma pela qual ele o vem exercendo.

c. Problematização
 1. De que maneira o documento "constrói" a história: o texto constitui uma das muitas manifestações de insatisfação coletiva com os custos da Guerra do Paraguai que surgiram nesse período (conhecido como o de estagnação das operações militares). O acúmulo de protestos e manifestações de insatisfação coletiva é considerado parte das pressões que levaram o governo brasileiro, logo em seguida, a retomar as operações ofensivas contra o Paraguai, a fim de provocar um rápido – e bem-sucedido – final do conflito.
 2. De que maneira o documento em análise "é construído" pela história: a Guerra do Paraguai foi o maior conflito armado da história da América do Sul e a maior parte do esforço de

combate coube ao Brasil. Pela sua importância, as forças armadas brasileiras escolheram, entre os chefes militares desse conflito, a maior parte de seus patronos e heróis. Além disso, o conflito proveu uma oportunidade de reforçar o patriotismo e a coesão nacional em torno do regime imperial, manifesta na adesão espontânea de vários indivíduos às tropas que eram enviadas para a guerra como voluntários. Criou-se, à época, o mito dos Voluntários da Pátria, que, na fase inicial da guerra, certamente existiram em grande quantidade. Contudo, já a partir de 1865, tais voluntários começaram a ser recrutados à força. Textos como esse que analisamos foram extensivamente utilizados pelos interessados em criticar o mito dos Voluntários da Pátria, dos patronos, dos heróis das forças armadas e da própria Guerra.

3. Que comparação pode ser feita entre a época que o documento descreve e a atual?

3.1 Diferenças (de forma): não existe mais o recrutamento forçado, pelo contrário, notam-se intensas disputas pelas vagas abertas pelas forças armadas para a prestação do serviço militar que, formalmente, ainda é obrigatório.

3.2 Semelhanças (de conteúdo): a imputação de encargos e penalidades continua a recair preferencialmente sobre a população mais pobre e desfavorecida. Os censos penitenciários, por exemplo, comprovam que, no Brasil, salvo exceções, apenas os mais pobres não conseguem escapar das sentenças de prisão. Você pode fazer um paralelo com o recrutamento para a Guerra do Paraguai (no qual os pobres foram recrutados maciçamente por meio de recursos explicitamente ilegais) e o nosso atual sistema prisional.

3.2.3 Texto de anúncios de imprensa

Para além dos conteúdos das notícias, dos editoriais e das matérias, produzidos pela imprensa e que são usualmente empregados por professores e pesquisadores, é importante exemplificar também a utilização dos anúncios presentes nos meios de comunicação. Geralmente desconsiderados, eles fornecem uma variedade de informações úteis e relevantes, tanto para o pesquisador quanto para o professor e seus alunos.

Rio de Janeiro, Sábado, 18 de fevereiro de 1865.

Escravo Fugido

Fugio, no dia 30 de janeiro próximo passado, da fazenda Campo Alegrete, distrieto do anauai, provínsia de São Paulo, o escravo pardo Benedieto, com os sienaes seguintes: estatura acima da regular, reforçado, pouca barba, cabello corrido e crespo nas pontas, sem dentes, idade 25 annos, fallador e gostando de usar lenço na cabeça e chapéo ao lado. Levou roupa fina, um ponche forrado de baeta azul e chapéo de panno preto. Suppõe-se ter ido para Mambucaba a aprensetar-se como voluntario para assentar praça. Quem o apprehender e levar a sua senhora D. Anna Pereira de Mello, na fazenda acima indicada, ou a Furquim & Irmão, no Rio de Janeiro, rua dos Benedietinos n. 28, será bem gratificado.

Rio de Janeiro, Segunda-feira, 7 de agosto de 1865.

Escravo Fugido

Recommenda-se aos Srs. pedestres a captura de um escravo, que sahindo a passear no dia 9 de Janeiro próximo passado não voltou á casa de seu senhor o conego José Mendes de Paiva. Chama-se Manoel, pardo (claro), e estatura regular, ainda que bastante magro, rosto comprido, sem barba e queixo delgado, com 20 annos de idade.

Foi encontrado na cidade trajando calça branca, paletó de alpaca preta, chapéo baixo de aba estreita cor de castenha, e relógio de prata dourada com corrente de prata; suppóe-se, porém, que elle tenha assentado praça, ou embarcado para o Rio-Grande em algum dos vapores que partirão no dia 10 do mesmo mez. Gratificasse-há generosamente a quem o apprehender, levar rua do Rosário n. 76, armazém de molhados.

Fonte: JORNAL DO COMMERCIO. Rio de Janeiro. Anno 43, n. 49. Biblioteca Pública do Paraná. Divisão de Documentação Paranaense. Gaveta 39, Microfilme n. 37. In: BATISTA, L. C. **Guerra do Paraguai**: peculiaridades do recrutamento. 2010. 52 f. Monografia (Graduação em História) — Universidade Federal do Paraná, Curitiba, 2010.

Rio de Janeiro, Segunda-feira, 7 de agosto de 1865.

Escravo Fugido

Fugio o escravo Honorato, pardo, de 25 anos, presumiveis, estatura regular, cheio de corpo, bem fallante e andar ligeiro; levou vestido calça e paletó branco, e foi visto calçado no arsenal de Marinha no dia 10 do corrente, é official de marceneiro e lustrador; presume-se assentar praça em algum batalhão de voluntários e pede-se, portanto aos Ilm. Srs. comandantes dos mesmos não o aceitarem como tal. Quem o apprehender levar á rua do Rosário n. 21 A, ou mesmo der noticias, será bem gratificado.

Fonte: JORNAL DO COMMERCIO. Rio de Janeiro. Anno 43, n. 218. Biblioteca Publica do Paraná. Divisão de Documentação Paranaense. Gaveta 39, Microfilme n. 38. In: BATISTA, L. C. **Guerra do Paraguai**: peculiaridades do recrutamento. 2010. 52 f. Monografia (Graduação em História) – Universidade Federal do Paraná, Curitiba, 2010.

a Identificação

1. Data e local de origem: Rio de Janeiro, 18 de fevereiro e 7 de agosto de 1865.

2. Finalidade: recuperar escravos fugidos.
3. Contexto histórico de produção: geral e institucional.
3.1 Contexto histórico em geral: com as crescentes perdas humanas na Guerra do Paraguai, o governo brasileiro abandonou o apelo ao voluntariado e impôs a obrigatoriedade do recrutamento forçado a todas as províncias. O serviço militar tornou-se obrigatório. Sendo tão poucos os indivíduos que ainda se dispunham ao alistamento voluntário, não cabia às juntas de recrutamento fazer qualquer investigação sobre seus antecedentes. Na prática, aceitava-se como alistado qualquer um, o que levou numerosos escravos a fugirem dos seus donos para se engajarem nas forças armadas, abandonando assim a condição de cativos para se tornarem militares.
3.2 Contexto institucional: os anúncios na imprensa sempre foram um importante mecanismo de recuperação de cativos que haviam fugido. Na época da Guerra do Paraguai, no entanto, essa prática perdeu eficácia. O governo adotou a prática de comprar escravos para recrutá-los nas forças armadas. Além disso, indivíduos de posses evitavam os próprios alistamentos mediante o envio de escravos em seus lugares. Finalmente, as próprias juntas de recrutamento, ansiosas para completar as cotas de indivíduos que deveriam recrutar, favoreciam a aceitação de escravos fugidos.

b. Interpretação
1. Determinantes sociais do ponto de vista: a perspectiva dos donos de escravos que pagavam esse tipo de anúncio em jornal era recuperar os escravos fugidos. Nesse contexto, eles apelavam não apenas para a oferta de recompensas aos indivíduos que auxiliassem na captura, mas também ao Poder Público, para que se recusasse o alistamento militar dos escravos fugitivos.

2. Forma: tratam-se de anúncios classificados, muito semelhantes a quaisquer outros publicados nos jornais de hoje. O que se propunha era uma transação comercial: em troca de auxílio para a recuperação do escravo, era oferecida uma recompensa financeira. Os anunciantes não cogitavam que as demais pessoas da comunidade participassem da recuperação do escravo sem essa contrapartida financeira. Aliás, a recuperação de escravos, desde o início do tráfico negreiro, tornou-se uma atividade profissionalizada, com a criação dos "capitães do mato".
3. Conteúdo: nota-se um esforço para descrever os fugitivos por suas características mais notáveis ou perceptíveis, incluindo-se as sequelas físicas da escravidão (ausência de dentes, subnutrição etc.)

c. Problematização
1. De que maneira o documento "constrói" a história: a publicação de anúncios desse tipo não tinha apenas efeitos instrumentais, isto é, contribuir para manter os escravos em cativeiro. Eles ajudavam também a fazer da escravidão uma instituição socialmente aceita e universalmente reconhecida. Ao oferecer recompensas pela ajuda na recaptura de escravos fugidos, mediante órgãos de imprensa, nenhum membro da comunidade podia ignorar a realidade da escravidão e suas implicações, tornando-se, em parte, cúmplice dessa instituição.
2. De que maneira o documento em análise "é construído" pela história: os anúncios que visavam à recuperação de escravos fugidos foram intensamente usados pelos interessados em acentuar o caráter de violência e exploração da escravidão brasileira, em contraposição aos que defendiam o caráter "benigno" e "suave" do escravismo brasileiro. Em particular, as descrições contidas nos anúncios sobre as características dos fugitivos podem ser

associadas à escravidão (sinais de tortura, maus-tratos etc.) e, por isso, despertavam enorme interesse.
3. Que comparação pode ser feita entre a época que o documento descreve e a atual?
3.1 Diferenças (de forma): na atualidade, ninguém coloca anúncios no jornal oferecendo recompensas pela ajuda na recaptura de escravos.
3.2 Semelhanças (de conteúdo): o escravismo ainda persiste no Brasil (tanto em regiões de fronteira agrícola quanto metropolitanas), mas é ocultada sob uma variedade de formas de exploração do trabalho que a lei brasileira criminaliza por serem "análogas à escravidão".

3.2.4 Documentos da época republicana

Um dos atos mais polêmicos do então recém-instaurado governo republicano foi a ordem para queimar os documentos relativos à escravidão. Essa medida teve enormes consequências para o trabalho de pesquisa histórica sobre o período escravista no Brasil. Escolhemos este texto para figurar aqui, dada a importância do ato em si e a recorrência com que ele tem se repetido desde então.

> **Decisão s/n. de 14 de dezembro de 1890**
>
> Manda queimar todos os papéis, livros de matrícula e documentos relativos à escravidão, existentes nas repartições do Ministério da Fazenda.
> Ruy Barbosa, Ministro e Secretário de Estado dos Negócios da Fazenda e presidente do Tribunal do Tesouro Nacional:
> Considerando que a nação brasileira, pelo mais sublime lance de sua evolução histórica, eliminou do solo da pátria a escravidão — a instituição funestíssima que por tantos anos paralisou o

desenvolvimento da sociedade, inficionou-lhe a atmosfera moral; Considerando, porém, que dessa nódoa social ainda ficaram vestígios nos arquivos públicos da administração; Considerando que a República está obrigada a destruir êsses vestígios por honra da Pátria, e em homenagem aos nossos deveres de fraternidade e solidariedade para com a grande massa de cidadãos que pela abolição do elemento servil entraram na comunhão brasileira;

Resolve:

1º — Serão requisitados de todas as tesourarias da Fazenda todos os papéis, livros e documentos existentes nas repartições do Ministério da Fazenda, relativos ao elemento servil, matrícula dos escravos, dos ingênuos, filhos livres de mulher escrava e libertos sexagenários, que deverão ser sem demora remetidos a esta capital e reunidos em lugar apropriado na Recebedoria.

2º — Uma comissão composta dos Srs. João Fernandes Clapp, presidente da Confederação Abolicionista, e do administrador da Recebedoria desta Capital, dirigirá a arrecadação dos referidos livros e papéis e procederá à queima e destruição imediata deles, que se fará na casa da máquina da Alfândega desta capital, pelo modo que mais conveniente parecer à comissão.

Capital Federal, 14 de dezembro de 1890 — Ruy Barbosa.

Fonte: Obras completas de Rui Barbosa, v. 17, 1890, Tomo II, p. 338-340. In: BONAVIDES, P.; AMARAL, R (Org.). Textos políticos da história do Brasil. Brasília: Senado Federal, 2002. v. 3.

a. **Identificação**
1. Data e local de origem: Rio de Janeiro, 14 de dezembro de 1890.
2. Finalidade: decisão interna da Secretaria da Fazenda (documento).

3. Contexto histórico de produção: geral e institucional.
3.1 Contexto histórico em geral: a República havia sido recentemente proclamada e passava por uma enorme crise política, econômica e administrativa. Um problema adicional para o novo regime dizia respeito à forma pela qual foi proclamada a abolição da escravidão, 2 anos antes. Ex-proprietários de escravos demandavam indenizações ao novo governo pelas perdas de suas "propriedades". Havia também uma enorme escassez de crédito para os fazendeiros (cujos empréstimos até então eram garantidos pela propriedade escrava) e de meio circulante para pagar os salários dos ex-escravos, agora convertidos em trabalhadores.
3.2 Contexto institucional: Rui Barbosa era o "todo-poderoso" ministro da Fazenda e estava executando a famosa "política do encilhamento", por meio da qual bancos particulares foram transformados em bancos emissores de papel-moeda, sob a forma de empréstimos para fomentar o desenvolvimento industrial e também a infraestrutura produtiva. Na prática, a política provocou enorme inflação e endividamento público, beneficiando enormemente os próprios banqueiros, que destinavam a maior parte dos recursos para empréstimos a si mesmos e a seus sócios. Entre esses, incluía-se o próprio Rui Barbosa, dono de pelo menos um dos bancos emissores.

b. Interpretação
1. Determinantes sociais do ponto de vista: Rui Barbosa dirigia a política econômica com total apoio (ou indiferença) das autoridades republicanas. Apesar das medidas extremamente controversas que tomou (como a própria "política do encilhamento"), invariavelmente conseguia impor seu ponto de vista, apoiado no recém-instaurado regime republicano, que se

exercia de forma ditatorial. Seu ato provocou a hostilidade dos interessados na preservação daqueles documentos históricos que, contudo, nada puderam fazer diante da força indiscutível da sua autoridade.
2. Forma: são determinações a serem cumpridas, não prevendo debates ou contestações.
3. Conteúdo: reveste-se de enorme positividade, apelando para imagens idealizadas do que se esperava para o país com a execução dessa medida.

c. **Problematização**
1. De que maneira o documento "constrói" a história: na verdade, o documento "destruiu" a história, ao fazer desaparecer uma enorme fonte de informações sobre a escravidão no nosso país. Com a ausência desses documentos, uma série de interpretações sobre a escravidão (fantasiosas, idealizadas, insustentáveis etc.) pôde emergir e prosperar sem ser contestada por quaisquer documentos.
2. De que maneira o documento em análise "é construído" pela história: durante muito tempo, prevaleceu uma interpretação da iniciativa de Rui Barbosa pautada literalmente pelas palavras que constam no documento. O ministro teria tomado essa iniciativa para "apagar" o período escravista da história do Brasil por uma questão de orgulho nacional, por solidariedade aos negros etc. Recentemente, uma nova interpretação para essa atitude surgiu. A destruição desses documentos teria servido para impedir que os ex-proprietários de escravos pudessem ter qualquer base legal para reivindicar indenizações pela perda de suas propriedades com a Lei Áurea.
3. Que comparação pode ser feita entre a época que o documento descreve e a atual?

3.1 Diferenças (de forma): a destruição de documentos oficiais que podem vir a ser importantes para a história nacional ainda é feita, mas justificada formalmente por motivos bem menos "elevados" ou "nobres" do que os evocados por Rui Barbosa. Geralmente, apela-se à "insuficiência de espaço" para justificar a destruição de arquivos inteiros, como recorrentemente acontece com os processos judiciais trabalhistas ao cabo de cinco anos.

3.2 Semelhanças (de conteúdo): o ocultamento ou destruição de arquivos continua a entravar o conhecimento e a análise de importantes períodos da nossa história, como a Guerra do Paraguai (cujo acesso é vedado aos pesquisadores) e a ditadura militar (foi divulgada a queima de documentos da época do regime militar, na Base Aérea de Salvador, em dezembro de 2004).

Há tempos a produção legislativa tem sido tomada como fonte útil e proveitosa para a história. As leis que são aprovadas e a forma pela qual são executadas e cumpridas constituem um manancial de informações sobre o contexto histórico pesquisado. Transcreveremos e examinaremos uma das mais famosas e polêmicas leis votadas pelo Congresso Nacional, aquela que, pela primeira vez, criminalizou o racismo no Brasil.

Lei Afonso Arinos – nº 1.390, de 3 de julho de 1951
O PRESIDENTE DA REPÚBLICA, faço saber que o CONGRESSO NACIONAL decreta e eu sanciono a seguinte Lei:
Art. 1º Constitui contravenção penal, punida nos têrmos desta Lei, a recusa, por parte de estabelecimento comercial ou de ensino de qualquer natureza, de hospedar, servir, atender ou receber cliente, comprador ou aluno, por preconceito de raça ou de côr.

Parágrafo único. Será considerado agente da contravenção o diretor, gerente ou responsável pelo estabelecimento.

Art 2º Recusar alguém hospedagem em hotel, pensão, estalagem ou estabelecimento da mesma finalidade, por preconceito de raça ou de côr. Pena: prisão simples de três meses a um ano e multa de Cr$ 5.000,00 (cinco mil cruzeiros) a Cr$ 20.000,00 (vinte mil cruzeiros).

Art 3º Recusar a venda de mercadorias e em lojas de qualquer gênero, ou atender clientes em restaurantes, bares, confeitarias e locais semelhantes, abertos ao público, onde se sirvam alimentos, bebidas, refrigerantes e guloseimas, por preconceito de raça ou de côr. Pena: prisão simples de quinze dias a três meses ou multa de Cr$ 500,00 (quinhentos cruzeiros) a Cr$ 5.000,00 (cinco mil cruzeiros).

Art 4º Recusar entrada em estabelecimento público, de diversões ou esporte, bem como em salões de barbearias ou cabeleireiros por preconceito de raça ou de côr. Pena: prisão simples de quinze dias a três meses ou multa de Cr$ 500,00 (quinhentos cruzeiros) a Cr$ 5.000,00 (cinco mil cruzeiros).

Art 5º Recusar inscrição de aluno em estabelecimentos de ensino de qualquer curso ou grau, por preconceito de raça ou de côr. Pena: prisão simples de três meses a um ano ou multa de Cr$ 500,00 (quinhentos cruzeiros) a Cr$ 5.000,00 (cinco mil cruzeiros).

Parágrafo único. Se se tratar de estabelecimento oficial de ensino, a pena será a perda do cargo para o agente, desde que apurada em inquérito regular.

Art 6º Obstar o acesso de alguém a qualquer cargo do funcionalismo público ou ao serviço em qualquer ramo das fôrças armadas, por preconceito de raça ou de côr. Pena: perda do cargo, depois de apurada a responsabilidade em inquérito regular, para o funcionário dirigente de repartição de que dependa a inscrição no concurso de habilitação dos candidatos.

Art 7º Negar emprêgo ou trabalho a alguém em autarquia, sociedade de economia mista, emprêsa concessionária de serviço público ou emprêsa privada, por preconceito de raça ou de côr. Pena: prisão simples de três meses a um ano e multa de Cr$ 500,00 (quinhentos cruzeiros) a Cr$ 5.000,00 (cinco mil cruzeiros), no caso de emprêsa privada; perda do cargo para o responsável pela recusa, no caso de autarquia, sociedade de economia mista e emprêsa concessionária de serviço público.

Art 8º Nos casos de reincidência, havidos em estabelecimentos particulares, poderá o juiz determinar a pena adicional de suspensão do funcionamento por prazo não superior a três meses.

Art 9º Esta Lei entrará em vigor quinze dias após a sua publicação, revogadas as disposições em contrário.

Rio de Janeiro, 3 de julho de 1951; 130º da Independência e 63º da República.

GETÚLIO VARGAS
Francisco Negrão de Lima

Fonte: BRASIL. Lei n. 1.390, de 3 de julho de 1951. Diário Oficial da União. Poder Legislativo, Brasília, DF, 10 jul. 1951. In: BONAVIDES, P.; AMARAL, R. (Org.). **Textos políticos da história do Brasil**. Brasília: Senado Federal, 2002. v. 6.

a. **Identificação**
1. Data e local de origem: Rio de Janeiro, 3 de julho de 1951.
2. Finalidade: lei que criminaliza o preconceito de raça ou cor.
3. Contexto histórico de produção: geral e institucional.

3.1 Contexto histórico em geral: o período que se estende no Brasil do segundo pós-guerra até o golpe militar de 1964 foi marcado por um considerável avanço das liberdades democráticas e do Estado democrático de direito. Importantes avanços como a liberdade de reunião e expressão, de organização partidária e sindical foram obtidos. Foi também uma época de intensa mobilização popular, com o surgimento dos movimentos dos trabalhadores rurais, estudantes, militares de baixa patente etc.

3.2 Contexto institucional: o Congresso Nacional, embora dominado por alguns poucos partidos em que os grandes interesses políticos e econômicos exerciam enorme influência, ainda era capaz de atuar como caixa de ressonância de pelo menos alguns anseios e demandas das classes populares.

b. Interpretação

1. Determinantes sociais do ponto de vista: a lei em questão foi proposta pelo Deputado Afonso Arinos, da União Democrática Nacional (UDN), tida como um dos partidos mais elitistas do Congresso. A cultura popular associava a UDN ao "partido dos cartolas", "partido dos banqueiros", que não precisa dos votos dos "marmiteiros" etc. O forte antigetulismo daquele partido, em uma época em que Getúlio Vargas ainda era conhecido como o "Pai dos Pobres", reforçava essa imagem da UDN. Contudo, os partidos liberais históricos (a despeito do conservadorismo social) cultivavam o respeito às leis e à Constituição e agiam de forma coerente com o princípio de que "todos são iguais perante a lei". Afonso Arinos certamente era partidário dessa postura.

2. Forma: é um texto legislativo típico do período, dividindo-se em artigos que descrevem as práticas ilegais e preveem as penas respectivas.
3. Conteúdo: o conteúdo da lei é revelador, por descrever e criminalizar as práticas e manifestações mais comuns de racismo.

c. Problematização
1. De que maneira o documento "constrói" a história: a lei deu, teoricamente, àqueles que se sentiam prejudicados pelos preconceitos raciais os meios legais para se defenderem e buscarem a reparação dos prejuízos e vexames que lhes tivessem sido inflingidos. É o primeiro documento legal a reconhecer a existência do racismo no Brasil, negando dessa forma o mito da "democracia racial" que vigia entre nós desde a Proclamação da República.
2. De que maneira o documento em análise "é construído" pela história: o consenso geral é que a Lei Afonso Arinos "não pegou", isto é, não foi capaz de coibir práticas racistas e pouco ou nada contribuiu para eliminar o racismo entre nós. Enfim, no Brasil existe uma enorme distância entre a promulgação da lei e a necessária destinação de recursos materiais e humanos para que ela seja aplicada na prática. Contudo, essa lei ajudou a legar uma imagem positiva de seu proponente, a despeito da sua carreira política ter sido feita dentro da UDN.
3. Que comparação pode ser feita entre a época que o documento descreve e a atual?
3.1 Diferenças (de forma): as leis subsequentes sobre o tema (como a Lei nº 7.437, de 5 de janeiro de 1985, e a nº 7.716, de 20 de dezembro de 1989) e a Constituição de 1988 (em especial o art. 5º) ampliaram o leque de atitudes que podem

ser criminalizadas como preconceituosas e/ou racistas. Uma grande diferença de encaminhamento surgiu a partir da criação das cotas raciais nos processos seletivos para universidades públicas brasileiras. A partir de 2001, diversas universidades federais e estaduais passaram a reservar um determinado percentual de vagas para estudantes reconhecidos como negros ou pardos. A distinção no tratamento dos indivíduos por causa da cor da pele passou então a ser definida legalmente (fato até então sem precedentes no Brasil) e tem sido estendida para uma série de carreiras no serviço público e nas empresas estatais.

3.2 Semelhanças (de conteúdo): todas as leis elaboradas com base na iniciativa de Afonso Arinos se esforçam em ampliar cada vez mais o leque de manifestações preconceituosas passíveis de serem criminalizadas, mas pouco se avançou em termos práticos, isto é, no sentido da real aplicação dessas leis. Permanece extremamente baixo o número de indivíduos sentenciados por infringi-las.

Os pronunciamentos oficiais de autoridades são momentos importantes para captar e entender a visão de mundo, bem como as ideologias e doutrinas a que elas se filiam. O caráter oficial não deve desestimular o pesquisador ou o professor de História interessado em entender o contexto histórico ao qual pertencem, desde que se leve em conta precisamente as implicações institucionais da sua produção, conforme faremos a seguir.

Manifesto dos ministros militares em relação a João Goulart

No cumprimento de seu dever constitucional de responsáveis pela manutenção da ordem, da lei e das próprias instituições democráticas, as Forças Armadas do Brasil, através da palavra autorizada dos seus ministros, manifestam a Sua Excelência, o Sr. Presidente da República, como já foi amplamente divulgado, a absoluta inconveniência, na atual situação, do regresso ao País do Vice-Presidente, Sr. João Goulart. Numa inequívoca demonstração de pleno acatamento dos poderes constitucionais, aguardaram elas, ante toda uma trama de acusações falsas e distorções propositadas, sempre em silêncio, o pronunciamento solicitado ao Congresso Nacional. Decorridos vários dias, e como sintam o desejo de maiores esclarecimentos por parte da opinião pública, a que inimigos do regime e da ordem buscam desorientar, vêem-se constrangidas agora, com a aquiescência do Sr. Presidente da República, a vir ressaltar, de público, algumas das muitas razões em que fundamentaram aquele juízo. Já ao tempo em que exercera o cargo de Ministro do Trabalho, o Sr. João Goulart demonstrara, bem às claras, suas tendências ideológicas incentivando e mesmo promovendo agitações sucessivas e frequentes nos meios sindicais, com objetivos evidentemente políticos e em prejuízo mesmo dos reais interesses de nossas classes trabalhadoras. E não menos verdadeira foi a ampla infiltração que, por essa época, se processou no organismo daquele Ministério, até em pontos-chave de sua administração, bem como nas organizações sindicais, de ativos e conhecidos agentes do comunismo internacional, além de incontáveis elementos esquerdistas. No cargo de Vice-Presidente, sabido é que usou sempre de sua influência em animar e apoiar, mesmo ostensivamente, movimentações grevistas promovidas por conhecidos agitadores. E ainda há pouco, como representante oficial, em viagem à URSS e à China comunista, tornou clara e patente sua incontida admiração ao regime desses países, exaltando o êxito das comunas populares. Ora, no quadro de grave tensão internacional, em que vive dramaticamente o mundo dos nossos dias, com a comprovada intervenção do comunismo internacional na vida das nações democráticas e, sobretudo, nas mais fracas, avultam, à luz meridiana, os tremendos perigos a que se acha exposto o Brasil. País em busca de uma rápida recuperação econômica, que está exigindo enormes sacrifícios, principalmente das classes mais pobres e humildes, em marcha penosa e árdua para estágio superior de desenvolvimento econômico-social, com tantos e tão urgentes problemas para recuperação, até, de seculares e crescentes injustiças sociais nas cidades e nos campos, não pode nunca o Brasil enfrentar a dura quadra que estamos atravessando, se apoio, proteção e estímulo estiverem a ser dados aos agentes da desordem, da desunião e da anarquia. Estão as Forças Armadas profundamente convictas de que, a ser assim, teremos desencadeado no País um período inquietador de agitações sobre agitações, de tumultos e mesmo choques sangrentos nas cidades e nos campos, de subversão armada, enfim, através da qual acabarão ruindo as próprias instituições democráticas e, com elas, a justiça, a liberdade, a paz social, todos os mais altos padrões de nossa cultura cristã. Na presidência da República, em regime que atribui ampla autoridade de poder pessoal ao Chefe da Nação, o Sr. João Goulart constituir-se-á, sem dúvida, no mais evidente incentivo a todos aqueles que desejam ver o País mergulhado no caos, na anarquia, na luta civil. As próprias Forças Armadas, infiltradas e domesticadas, transformar-se-iam, como tem acontecido

noutros países, em simples milícias comunistas. Arrostamos, pois, o vendaval, já esperado, das intrigas e das acusações mais despudoradas, para dizer a verdade tal como é, ao Congresso dos representantes do povo e, agora, ao próprio povo brasileiro. As Forças Armadas estão certas da compreensão do povo cristão, ordeiro e patriota do Brasil. E permanecem, serenas e decididas, na manutenção da ordem pública.
Rio de Janeiro, GB, 30 de agosto de 1961.
Vice-Almirante Sílvio Heck, Ministro da Marinha – Marechal Odílio Denys, Ministro da Guerra – Brigadeiro-do-Ar Gabriel Grum Moss, Ministro da Aeronáutica.

Fonte: In: BONAVIDES, P.; AMARAL, R.(Org.). **Textos políticos da história do Brasil**. Brasília: Senado Federal, 2002. v. 7.

a. **Identificação**
1. Data e local de origem: Rio de Janeiro, 30 de agosto de 1961.
2. Finalidade: impedir, com recurso a procedimentos inconstitucionais, a posse do Vice-Presidente João Goulart no cargo de presidente da República (monumento).
3. Contexto histórico de produção: geral e institucional.
3.1 Contexto histórico em geral: o Brasil vivia uma profunda crise econômica, política, social e institucional no ano de 1961. Com a renúncia do Presidente Jânio Quadros, em agosto daquele ano, as forças antigetulistas se mobilizaram para impedir a posse de João Goulart, herdeiro político de Vargas.
3.2 Contexto institucional: os ministros militares, nomeados por Quadros, eram de extrema-direita, anticomunistas, antipopulistas e inclinados a soluções extralegais para impedir o retorno ao poder de seu inimigo histórico, João Goulart, com quem já haviam se antagonizado, à época em que Goulart

exercia o cargo de Ministro do Trabalho, durante o governo Vargas. Uma vez que ainda estavam exercendo o comando das Forças Armadas, tinham os meios militares para impedir, por meio de violência, a posse de Goulart.

b. Interpretação
   1. Determinantes sociais do ponto de vista: o texto é pautado pela Doutrina de Segurança Nacional (DSN) desenvolvida pelos militares no interior da Escola Superior de Guerra (ESG), fundada em 1948. Nos termos dessa doutrina, as futuras ameaças ao país não adviriam de operações militares realizadas pelos países fronteiriços, mas de ações subversivas perpetradas pelas nações comunistas, que alegavam ter o objetivo de desestabilizar o regime democrático, a ordem capitalista, para então desencadear uma revolução de esquerda.
   2. Forma: o documento dá base ideológica e programática para um golpe de Estado que resultasse no impedimento de posse por João Goulart. Nesses termos, o texto se dirige tanto aos aliados dos militares golpistas quanto a toda a nação brasileira e, por decorrência, também à posteridade. Independentemente dos resultados que colhessem os ministros militares, estavam deliberadamente legando suas visões de mundo e valores ideológicos à história.
   3. Conteúdo: o texto tem base no que os militares entendiam como sendo o papel reservado ao Brasil no contexto da Guerra Fria, na forma pela qual avaliavam a carreira política de João Goulart e no futuro que prognosticavam para o país caso ele fosse empossado como presidente.

c. Problematização
   1. De que maneira o documento "constrói" a história: o texto serviu aos propósitos de fomentar uma ampla mobilização

política e militar contra a posse de João Goulart, provendo uma base discursiva que justificasse ações ilegais a todos que se associavam a essa tentativa de golpe.

2. De que maneira o documento em análise "é construído" pela história: do ponto de vista daqueles que apoiaram o golpe militar, que instituiu a ditadura (em 1964), ou que com ela se identificaram, o texto serve como um exemplo da clarividência e antevisão dos ministros militares. Teriam sido eles que souberam antecipar as intenções subversivas e desestabilizadoras de João Goulart que foram, afinal, contidas com a "revolução" de 1964. Na avaliação dos que criticam ou denunciam o golpe de 1964 e a ditadura que se seguiu, os eventos de 1961 foram o prenúncio do que estava por vir. Para estes, o veto à posse de João Goulart só não logrou êxito porque houve a contramobilização chefiada pelo governador do Rio Grande do Sul, Leonel Brizola, que, em Porto Alegre, criou a "Rede da Legalidade", cuja ação agregou indivíduos, grupos e organizações comprometidos com o respeito à Constituição e também com a posse de Goulart.

3. Que comparação pode ser feita entre a época que o documento descreve e a atual?

3.1 Diferenças (de forma): os "pronunciamentos" de ministros militares já foram sinônimo de golpe. Hoje, não só inexistem as figuras dos ministros militares como os comandantes das Forças Armadas raramente se pronunciam em público, uma vez que estão subordinados à autoridade do ministro da Defesa. Outra diferença importante é que o eleitor perdeu o direito de votar para vice-presidente, com era prática corrente no sistema político vigente a partir de 1946.

3.2 Semelhanças (de conteúdo): o poder político no Brasil continua excessivamente concentrado no Poder Executivo. O Congresso Nacional tem sua agenda pautada quase que totalmente pela Presidência da República. O Poder Judiciário, por sua vez, tem seus membros, nas cortes mais elevadas, nomeados também pelo presidente. Tudo isso, somado à edição de medidas provisórias, confere enorme poder aos pronunciamentos presidenciais, os quais raramente ou nunca são contestados.

3.3 Exposições museológicas

A visita a museus já há muito tempo é reputada como valiosa para o processo de aprendizagem em diversas áreas do conhecimento. Talvez os primeiros educadores no Brasil a proporem as visitas escolares aos museus como parte do processo de ensino-aprendizagem tenham sido os membros do movimento da Escola Nova, institucionalizado por meio de seu famoso manifesto público, em 1932. Esse movimento era diretamente inspirado na pedagogia que então era praticada nos Estados Unidos e que se opunha fortemente ao ensino tradicional, com base na mera memorização de fatos, biografias e datas.

Em tempos mais recentes, os PCN, editados pelo Ministério da Educação, voltaram a insistir e enfatizar o papel que as visitas aos museus podem desempenhar no atendimento dos objetivos a que se propõem. Você deve reparar que, nos PCN de História e Geografia (Brasil, 1997a), tal preocupação já consta nos conteúdos de História para o primeiro ciclo. Ao tratar do "Eixo Temático: História Local e do Cotidiano, o documento propõe como atividade significativa para os estudantes: o levantamento de diferenças e semelhanças entre as pessoas e os grupos sociais que convivem na coletividade e a reflexão sobre os aspectos sociais, econômicos e culturais. Para viabilizar essa atividade, é proposta a visita a locais públicos, entre os quais estão os museus (Brasil, 1997a, p. 42).

Na parte relativa ao segundo ciclo do ensino fundamental (5ª a 8ª série), você pode notar que foi mantida a ênfase nas visitas a locais públicos por parte dos estudantes, em especial aqueles que mantêm acervos de informações, sendo citados especificamente as bibliotecas e os museus (Brasil, 1997a, p. 45). Tais visitas, afirma o documento, são instrumentais para a realização das estratégias propostas como estudos do meio. Na realização desses estudos, o texto considera significativos os trabalhos feitos fora de sala de aula ou mesmo fora da escola, mencionando mais uma vez e especificamente a visita aos museus (Brasil, 1997a, p. 61).

Se você consultar os PCN de História: ensino de quinta a oitava séries (Brasil, 1998), em particular o item que se refere às orientações e métodos didáticos, irá notar que novamente aparece com ênfase a sugestão de realização de visita a exposições, museus e sítios arqueológicos. Aqui, os objetivos são mais ambiciosos. O que se pretende com tais visitas é a viabilização da aprendizagem de que há lugares para "guarda e preservação de suportes físicos da memória, como museus [...]" (Brasil, 1998, p. 38). No texto, a visita ao museu é entendida como parte de um processo de pesquisa, tendo a instituição museológica como local privilegiado para sua realização (Brasil, 1998, p. 88).

O texto também prevê que podemos propiciar a diversificação das concepções dos estudantes sobre o que é ou deve ser preservado nos dias de hoje em relação ao passado (Brasil, 1998, p. 91). Mais ainda, o documento propõe, mediante a realização de tais visitas, mostrar aos estudantes que os suportes da memória estão ameaçados e por isso é que são mantidos em museus (Brasil, 1998, p. 91). Dessa forma, as visitas aos museus possibilitam aos alunos o conhecimento e o estudo dos processos de preservação, percebendo as implicações mais amplas (Brasil, 1998, p. 92). Finalmente, e talvez este seja o objetivo mais importante que pode vir a ser atingido com a visita aos museus, podemos evidenciar pelo menos alguns aspectos da construção social do passado pelo presente (Brasil, 1998, p. 92).

É essa última atividade que irá aparecer com mais ênfase nos PCN do nível médio. O documento *Orientações Curriculares para Ensino Médio: Ciências Humanas e suas Tecnologias* (Brasil, 2006) propõe introduzir na sala de aula o debate sobre o significado de festas e monumentos comemorativos e, como não poderia deixar de ser, também dos museus (Brasil, 2006, p. 79).

Nesses documentos, embora tenha sido mencionado, o caráter lúdico de que se reveste a visita aos museus recebe menos ênfase. Na época que antecedeu historicamente à quase monopolização do lazer popular por parte da televisão, as visitas aos museus eram uma atividade de recreação comum para boa parte da população. De lá para cá, o interesse pelos museus declinou consideravelmente, a ponto de eles não serem mais considerados instituições relevantes ou significativas para a maioria das pessoas. Expressões populares como "coisa de museu" ou "quem vive de passado é museu" expressam a desconsideração coletiva por essas instituições, associada negativamente à ideia de um local dedicado à mera contemplação de objetos inservíveis, obsoletos, inúteis para quaisquer propósitos. É significativo que a vasta maioria dos municípios brasileiros (80%) não disponha sequer de um único museu. No total, é constrangedor constatar que, num país de enormes dimensões continentais e populacionais, como é o Brasil, existam apenas cerca de 2 mil museus.

Levando-se em conta o estratégico papel social que se espera que venham a desempenhar os museus, podemos propor então que o objetivo básico de qualquer visita escolar a esses espaços seja entendida como contribuição ao processo histórico de formação de público para as instituições museológicas. Quem nunca frequentou um museu na vida dificilmente poderá fazer ideia da importância e da relevância desse espaço, ou para o processo de ensino-aprendizagem de diferentes disciplinas, ou para a formação de noções de identidade, memória, história etc., ou para a preservação do patrimônio histórico, artístico e antropológico, ou como pura e simples diversão.

Usar os museus como espaço complementar ao processo de ensino-aprendizagem, como propõem os PCN, tem implicações mais amplas e complexas do que o uso da maioria das fontes que usualmente são objeto de estudo na educação. Essa afirmativa é válida tanto de um ponto de vista teórico quanto prático.

As implicações do ponto de vista prático são fáceis de entender. Os primeiros desafios que se impõem aos professores desejosos de levar suas turmas aos museus dizem respeito ao tempo e ao espaço. Numa disciplina já carente de carga horária, como é a de História, uma visita ao museu pode representar uma sobrecarga de tempo, bem como a superação de certa distância espacial. Afinal de contas, uma vez que uma minoria de cidades brasileiras dispõe de museus, a visita pode implicar, no limite, um deslocamento interestadual, senão intermunicipal. Ao tempo de visitação, você deve somar o tempo a ser dispendido nesses deslocamentos. Todo um turno de aulas ou, pelo menos, metade de um turno, pode ser necessário para viabilizar a visita a um museu.

Contudo, são nas questões teóricas que residem as maiores dificuldades no processo de organização de uma visita escolar a um museu. Via de regra, os museus exibem em suas coleções uma variedade de suportes informacionais, cuja análise e interpretação requerem metodologias específicas. Os museus costumam conter obras de arte (pinturas, esculturas etc.), registros imagísticos de origem industrial (fotos, filmes etc.), reconstituições históricas (maquetes, manequins etc.), além dos próprios prédios que os abrigam, pois é bastante comum que se localizem em construções muito antigas, cuja importância histórica reforça o caráter de "lugar de memória" que lhes é atribuído. Assim, a própria arquitetura e decoração dos prédios dos museus acabam por constituir mais uma fonte a ser analisada pelos estudantes.

Tudo isso coloca uma série de questões ao responsável pela visita, no processo da sua preparação. Afinal de contas, você deve aplicar a cada uma das fontes históricas em exposição os mesmos procedimentos metodológicos já mencionados, comuns a todas as outras fontes: crítica externa, crítica interna, contextualização etc. No enfrentamento dessas questões, talvez seja útil comentarmos aqui a experiência acumulada no trabalho com museus há mais de uma década.

Entre os anos de 2000 e 2005, o Departamento de História da Universidade Federal do Paraná (UFPR) manteve um programa de extensão universitária, chamado *Educação para a Cidadania*, cujo principal objetivo era disponibilizar aos professores das redes pública e privada de ensino estratégias de aproveitamento dos museus como espaços de ensino-aprendizagem na disciplina de História. Tal programa de extensão teve início com um projeto-piloto desenvolvido pelo Programa Especial de Treinamento (PET) do curso de História. A experiência inicial do departamento com espaços museológicos foi realizada no Museu do Expedicionário, em Curitiba, o maior e mais importante museu dedicado à participação do Brasil na Segunda Guerra Mundial (1939-1945), dotado de um vasto e rico acervo de objetos, uniformes, armas e documentos relativos àquele conflito.

A proposta inicial de trabalho era disponibilizar um guia para os visitantes do museu. Nesse guia, podia-se encontrar uma breve história do museu, um descritivo do acervo exposto e indicações de diferentes estratégias para análise e interpretação do estabelecimento. Depois da impressão de uma segunda versão desse guia para os visitantes do museu, e já sob os auspícios do *Educação para a Cidadania*, a proposta foi substancialmente ampliada.

Percebemos que a dinâmica de recepção de escolares adotada naquele museu, usual em quase todos os outros, não era compatível com os interesses que motivavam as visitas. Via de regra, os museus dispõem apenas e tão somente de um único monitor para acompanhar os estudantes nas visitas, o que acarreta uma série de problemas. Para começar, cabe notar que nem sempre os monitores são adequadamente treinados e têm conhecimentos atualizados, o que por si só já leva a uma série de impasses e conflitos. Mais ainda, o fato de um único monitor se encarregar de percorrer, com os visitantes, todo o acervo exposto é fonte de cansaço e aborrecimento para os estudantes.

Nem todos os alunos se interessam igualmente por todos os espaços expositivos do museu, mas são obrigados a seguir o monitor pela mesma sequência de salas, dedicando a todas elas um mesmo período de tempo. A fim de que todos possam ouvir as explicações do monitor os estudantes eram obrigados a guardar completo silêncio, só se manifestando ao final de cada preleção. Isso leva tanto ao rápido declínio do grau de concentração dos alunos nas explicações do monitor quanto à associação da visita ao museu como mais uma aula expositiva, pouco ou em nada diferindo daquelas que são usuais no ambiente escolar. Perde-se, dessa forma, qualquer possibilidade de os estudantes da educação básica se reapropriarem, ressignificarem ou reinterpretarem os espaços museológicos, como justificadamente insistem os PCN.

A superação dessas deficiências foi lograda por meio de uma abordagem completamente diferente, adotada no *Educação para a Cidadania*. Em vez de um único monitor, treinamos 14 estudantes de graduação do curso de História para atuarem como monitores. Dessa forma, foi possível alocar um monitor em cada espaço expositivo dentro do museu. Agora, não era toda uma turma de escolares em visita que tinha que seguir o monitor no museu. Os estudantes podiam escolher livremente a sequência de espaços expositivos que desejavam conhecer, conforme seus gostos, suas prioridades e suas inclinações. Em todos eles, havia um monitor treinado para explicar a natureza da exposição ali presente e tirar dúvidas dos visitantes.

Essa abordagem apresentou diversas vantagens. Em primeiro lugar, deu um caráter mais dinâmico e interativo à visitação, ao respeitar as preferências dos visitantes e propiciar um diálogo permanente com os monitores. A possibilidade de circular pelas salas do museu, de conversar com os monitores e mesmo com os colegas de classe acabou de vez com qualquer associação que se pudessem fazer entre a visita ao museu e a aula expositiva. O espaço museológico foi transformado em um autêntico fórum de debates, dinâmico e participativo, no qual os escolares eram tratados pelos monitores como seus iguais, isto é, como interessados, como eles, em conhecer e pesquisar a história da participação do Brasil na Segunda Guerra Mundial. Naturalmente que a pouca diferença de idade entre os estudantes da educação básica e os universitários favoreceu muito essa interação e identificação. Não podemos descartar a possibilidade de que os universitários tenham sido tomados como modelos sociais pelos estudantes da educação básica. Se isso de fato ocorreu, os monitores teriam inspirado pelo menos alguns estudantes dos níveis fundamental e médio a considerarem a possibilidade de optarem pelo curso de História quando estiverem no estudo universitário.

Em segundo lugar, permitiu um aprofundamento no tratamento dos conteúdos de cada espaço expositivo. Em vez de um único monitor "generalista", que falava sobre todo o museu de uma única vez, agora se dispunha de monitores que se especializaram no espaço expositivo pelo qual se tornaram responsáveis. Muitas horas de leitura, pesquisa e orientação foram necessárias até que cada um dos monitores pudesse afirmar que dominava integralmente o conteúdo daquela parte do museu. Mesmo porque, na elaboração do guia de visitação, todos os monitores participaram como autores do capítulo relativo ao seu espaço. Assim, à medida que tinham contato com pesquisadores com amplo conhecimento de causa sobre a exposição a que se referiam, os visitantes não mais se frustravam com explicações aborrecidas, parciais ou genéricas sobre os tópicos que eram de seu interesse e nos quais desejavam se aprofundar. Mais ainda, dividiu-se o extenso trabalho intelectual que se refere ao tratamento de uma variedade de suportes informacionais, cuja análise e interpretação, como vimos insistindo, sempre irão requerer distintas metodologias.

Finalmente, de um ponto de vista prático, não podemos deixar de mencionar mais uma vantagem da metodologia adotada. Ao alocar um monitor para cada espaço expositivo, aumentaram consideravelmente as condições de segurança do acervo exposto. Embora não seja papel funcional do monitor atuar como agente de segurança, a verdade é que sua simples presença, para além do interesse que sua fala é capaz de atrair, também serve para coibir comportamentos não compatíveis, por parte dos visitantes, com o ambiente museológico. Os fatos falam por si. Embora mais de uma centena de alunos dos níveis fundamental e médio frequentassem o museu a cada vez, jamais se registrou, no decorrer da atividade extensionista, qualquer acontecimento desagradável.

Depois da exitosa e conclusiva experiência no Museu do Expedicionário, foram criadas condições para que as atividades do *Educação para a Cidadania* fossem levadas a outros museus de Curitiba, Região Metropolitana e Litoral. Entre 2000 e 2005, foram desenvolvidas atividades similares em diversos outros museus e espaços expositivos dessas regiões paranaenses: Museu Paranaense (Curitiba), Museu Atílio Rocco (São José dos Pinhais), Museu de Arte Sacra (Curitiba), Museu de Arqueologia e Etnologia de Paranaguá (Paranaguá), Museu

Ferroviário (Curitiba), Museu da Polícia Militar (Curitiba), Batalhão de Infantaria Blindada Max Wolf Filho (Curitiba), Museu das Forças de Paz (Curitiba), Igreja do Bom Jesus (Curitiba), entre outros.

Em tempos mais recentes, a experiência colhida na atividade extensionista realizada pela UFPR, o Educação para a Cidadania, pôde ser transferida, da forma mais direta possível, aos professores da rede pública de ensino do Estado do Paraná. Isso aconteceu por meio do Programa de Desenvolvimento Educacional (PDE), que é realizado pela Secretaria de Estado da Educação (Seed/PR) e que tem como objetivo possibilitar que professores da rede estadual desenvolvam e implementem novos métodos e técnicas de ensino, sob a orientação de professores de instituições de ensino superior do Paraná. Assim, entre 2007 e 2009, participei como orientador de nove trabalhos produzidos no PDE e dois deles foram realizados por professoras de nível fundamental que optaram por desenvolver estratégias para o uso de museus no ensino de História. Justamente os dois museus escolhidos por elas já haviam sido (de 2000 a 2005) objeto de pesquisa no Educação para a Cidadania: O Museu Paranaense, em Curitiba (Rigotto, 2008) e o Museu de Arqueologia e Etnologia, em Paranaguá (Silva, 2007).

Um bom ponto de partida para esses trabalhos foi a disponibilidade dos guias para visitação, em ambos os museus, elaborados no decorrer das atividades extensionistas da UFPR. A experiência das colegas não pôde, infelizmente, beneficiar-se da totalidade dos resultados oferecidos pelo *Educação para a Cidadania*, quando este ainda se encontrava em andamento. Já não havia, por exemplo, nenhuma divisão didático-pedagógica formada por monitores numerosos, treinados e atualizados, prontos a receber as escolas em visitas a esses museus. Tudo do que se podia dispor era de um único monitor para atender aos estudantes em visita aos museus, com as implicações costumeiras a que já nos referimos. Contudo, o guia criado para visitas a esses museus ainda podia ser considerado um recurso útil e aliviava os trabalhos de pesquisa e interpretação dos acervos por parte dos professores envolvidos.

O guia do Museu Paranaense foi realizado em equipe e chamado de *Memorial do Museu Paranaense*; foi editado em CD, em 2002, e resultou num trabalho ilustrado de 47 páginas. Nele, tomaram parte 22 alunos do curso de graduação em História da UFPR. O guia foi dividido em 11 tópicos, cobrindo a totalidade dos espaços expositivos daquela instituição, que se dedica à história do Paraná. Já no guia de visitas do Museu de Arqueologia e Etnologia, tomaram parte 7 estudantes, também do curso de História. A publicação, editada em CD, foi dividida em 14 tópicos, cobrindo a totalidade das exposições, temporárias e permanentes, daquele espaço expositivo.

A despeito da preexistência desse trabalho de pesquisa, dar conta de todo um museu, como parte do processo de ensino-aprendizagem de História, continuava fora do alcance das professoras. Uma das saídas encontradas para esse impasse foi renunciar ao exame de todo acervo exposto. Embora as visitas abrangessem a totalidade das exposições, no que se referia à prática de avaliação dessa atividade, foi feita a opção por focar num aspecto determinado do material exposto. Por exemplo: no caso da visita ao Museu Paranaense, cujo acervo cobre desde a chegada dos primeiros habitantes indígenas à região até a Guerra do Contestado (1912-1916), optou-se pela ênfase apenas no período do Paraná Provincial (1853-1889) e as formas pelas quais ele era representado na exposição permanente. Isso permitiu abreviar consideravelmente os encargos decorrentes da preparação da visita, seu monitoramento e sua subsequente avaliação.

Considerando o que foi até aqui desenvolvido, podemos propor a você um roteiro para o planejamento, a execução e a avaliação de atividades de visitas a museus por parte de turmas de estudantes da educação básica.

As motivações para a realização dessas visitas já foram adequadamente mencionadas no início deste capítulo, ficando você responsável por estabelecer, com base nelas, os objetivos aos quais visa atingir e que, inclusive, podem ser também de interesse de professores de outras disciplinas, abrindo a oportunidade de realização de uma atividade autenticamente interdisciplinar.

A fase inicial do processo de planejamento da visita de estudantes de educação básica a um espaço museológico envolve uma série de atividades de preparação. Cumpre estabelecer, em primeiro lugar, se existe ou não a possibilidade de diferentes disciplinas se beneficiarem da visita. Cabe enfatizar o caráter abrangente da disciplina da História e suas inúmeras interfaces com outros campos do saber, sejam com as disciplinas irmãs da área das ciências humanas, seja com a das exatas, biológicas etc. O apelo a um trabalho interdisciplinar, para além do seu valor científico, tem também uma série de vantagens de ordem prática – permite dividir os encargos relativos ao acompanhamento das turmas ao museu, bem como dispor de mais tempo para a visita, que, via de regra, tende a tomar todo o período de aula ou, no mínimo, meio período.

Superada a fase de contatos com os colegas de outras disciplinas, visando estabelecer a possibilidade de um trabalho conjunto, cabe a você a realização de uma visita prévia ou quantas visitas prévias forem julgadas necessárias. Não se concebe um professor que leve uma turma a visitar um museu o qual ele não conhece suficientemente a fundo. Os professores devem realizar visitas prévias aos museus, em antecipação à visita que será feita com os alunos, informando-se em detalhes sobre os diferentes aspectos das exposições, permanentes ou eventuais, que estiverem sendo oferecidas.

A assistência de um guia ou descritivo do museu pode prover informações valiosas sobre o que está sendo exposto. O *site* oficial da instituição museológica também é uma fonte importante de informações.

Finalmente, não podemos descartar também a realização de uma pesquisa bibliográfica sobre o museu, já que são recorrentemente objetos de estudo em monografias de conclusão de curso, dissertações de mestrado, teses de doutorado, artigos científicos etc. A pesquisa bibliográfica pode prover importantes análises e interpretações sobre as origens, a história e os compromissos políticos e institucionais dos museus que se deseja visitar.

Uma outra motivação para a realização de visitas prévias ao museu diz respeito à verificação *in loco* das condições de visitação, dos dias e dos horários de funcionamento, do apoio às visitas de turmas de estudantes etc. Embora boa parte dessas informações seja de conteúdo institucional e esteja disponível nas publicações oficiais do museu, sob a forma de impressos ou na internet, é de bom senso checar a atualização e exatidão daquelas com uma visita pessoal. Finalmente, você deve levar em conta que, geralmente, as visitas de turmas de escolares devem ser agendadas com antecedência, pois a agenda dos museus varia conforme a procura das escolas e pode oscilar de poucos dias até muitos meses. Esse aspecto deve ser considerado com cuidado no planejamento da visita.

O passo seguinte, e certamente o mais complexo, diz respeito à pesquisa e à interpretação do acervo do museu. Você deve conhecer a fundo o acervo, seus diferentes suportes informacionais, a origem e as transformações das exposições. De que objetos consistem as coleções? São peças originais ou réplicas? Foram compradas ou doadas ao museu? No caso das doações, quem as fez? E por quê? No intuito de dar resposta a essas perguntas, você vai compondo uma leitura, sempre crítica e interpretativa, do tipo de memória que está contido em cada espaço expositivo. Você irá gradualmente perceber o sentido que cada exposição pretende imputar à história. E, de forma mais evidente, o conteúdo de classe, raça e gênero mais ou menos explícito em cada espaço expositivo.

Não podemos, obviamente, generalizar as colocações que seguem para todos os museus que existem, mas, com base na experiência acumulada (pelos trabalhos realizados em sucessivos espaços museológicos), arrisco aqui algumas interpretações.

No que se refere à classe social, é altamente provável que nos museus predominem objetos legados pelas classes economicamente dominantes. Trata-se de um fato recorrente e facilmente explicável. É que, por um lado, é justamente nas classes economicamente dominantes que se encontram os indivíduos de maior poder aquisitivo. São eles que podem adquirir, encomendar, manter bens e, futuramente, doá-los ou vendê-los aos museus. Pense nos retratos a óleo sobre tela que geralmente enfeitam as paredes desses estabelecimentos. Via de regra, eles retratam personalidade políticas, econômicas, militares etc. Raramente ou nunca as pessoas comuns podiam pagar para serem retratadas nas pinturas, pela simples e boa razão de que o elevado custo cobrado pelos artistas as levavam a desistir da ideia.

A invenção da fotografia mudou muito pouco esse cenário. Durante as primeiras décadas da fotografia, o elevado custo dos retratos fez deles um privilégio restrito às elites. As pessoas comuns eram geralmente retratadas em grandes grupos, associados a alguma manifestação do poder econômico daqueles que podiam pagar para serem retratados: escravos fotografados junto aos seus senhores, soldados juntos aos seus comandantes, operários junto aos seus patrões, e assim por diante.

Com a disseminação da fotografia, a situação começou a mudar, mas, novamente, imposições de ordem econômica continuaram a prevalecer. Entre as pessoas de condição econômica mais humilde, predominavam os retratos de família, em conjunto, ou individualmente, mas posando para um fotógrafo pago. Já os membros das classes médias e superior possuíam suas próprias máquinas fotográficas, legando não apenas retratos individuais, mas também instantâneos e flagrantes da vida real, tal qual a entendiam.

Em se tratando de objetos pessoais, o padrão se mantém. Até a crise econômica de 1929, apenas os membros da burguesia agrária, comercial e financeira e os das nascentes classes médias urbanas podiam pagar por itens importados de consumo. Já os membros das classes populares se obrigavam a uma economia de subsistência, produzindo de forma autônoma mais ou menos tudo o que necessitavam para sua sobrevivência. Naturalmente, os bens industrializados importados tendem a ter uma duração muito maior no tempo do que os produzidos artesanalmente. Você pode comparar, por exemplo, as condições de durabilidade de um par de botas de couro (importadas dos EUA, na década de 1920) com as de um modesto par de tamancos de madeira (que eram usados por muitos indivíduos das classes populares, àquela época); ou a durabilidade de uma singela espada de madeira, usada pelos caboclos em revolta na Guerra do Contestado, em contraste com as armas de metal, brancas e de fogo, importadas para servir ao exército e às polícias estaduais. Qual dos dois tipos de artefatos você acha que teria tido mais chances de subsistir ao longo do tempo até se converter em parte do acervo de um museu?

Para além dessas questões de ordem prática, você não pode deixar de levar em conta, no processo de pesquisa, os compromissos históricos dos museus com a ordem patriarcal e racista. Os museus foram, via de regra, criados com a finalidade de celebrar, preservar e promover uma determinada identidade (seja nacional ou regional), a qual foi recorrentemente construída sobre os valores do patriarcalismo (no qual as mulheres ocupavam um lugar subordinado ou insignificante) e da supremacia da raça branca (segundo a qual a marginalização dos negros, índios e mestiços seria decorrente de características genéticas consideradas inferiores).

Embora, já há algum tempo, os museus venham se afastando de ambas as perspectivas, é notável como elas ainda são salientes em muitas exposições materiais que evocam a hegemonia das classes economicamente dominantes e dos indivíduos masculinos e brancos da nossa sociedade.

O maior ou menor grau de comprometimento dos espaços expositivos com valores associados às classes, às raças e aos gêneros não deve desestimulá-lo a planejar uma visita ao museu. Muito pelo contrário, é justamente ao perceber esses compromissos e ao colocá-los como tema de debate ou avaliação, após a visita ao museu, que ela se torna socialmente significativa para os estudantes.

Naturalmente, a extensão dos espaços expositivos pode se tornar vasta demais para esses propósitos. Reitero aqui a sugestão de que, no processo de planejamento da visita, você considere se vale a pena incluir todo o espaço expositivo, ou se não é o caso de focalizar – no que diz respeito ao processo de debate e avaliação da visita – apenas parte dele.

Conforme apontado anteriormente, a visita ao museu ganha em qualidade quanto maior for o esforço prévio na sua preparação. A principal atividade de preparação dos estudantes para a visita consiste na elaboração de um guia ou roteiro de visita ao museu. Nele devem estar contidas algumas informações básicas, como a origem e história do museu e do acervo. Na medida do possível, também é importante que conste a descrição da exposição e suas diferentes formas de leitura. E, ao final, a avaliação a que você submeterá o estudante ao término da visita (e que pode servir para atribuição de nota em diferentes disciplinas ou se desdobrar em múltiplos tópicos, um para cada disciplina constante na atividade de visita ao museu).

Superadas essas etapas preparatórias, cabe passar à fase de execução da visita. Nela as condições de acesso, transporte e permanência no museu devem já ter sido previamente decididas e combinadas com a direção do estabelecimento. No intuito de conseguir reservar tempo suficiente para a visita, cabe insistirmos no uso da carga horária de outras disciplinas. Do ponto de vista prático, é uma razão a mais para fazer desta atividade uma iniciativa verdadeiramente interdisciplinar.

A visita ao museu não pode e nem deve ser um fim em si mesmo. Você deve encarar a ida ao museu como uma visita técnica, isto é, uma atividade estreitamente ligada ao processo de ensino-aprendizagem na área das ciências humanas, visando ao desenvolvimento e ao domínio das suas tecnologias. No pior cenário, a visita é apenas um passeio, vocacionado para matar o tempo de aula, para aliviar os professores de seus encargos, sempre tão penosos, mas de todo desligada das finalidades às quais deveria atender, segundo os PCN, para a educação básica.

No melhor cenário possível, a visita ao museu assume de saída seu caráter técnico, ligado às tecnologias das ciências humanas, sendo voltada para o desenvolvimento das competências e das habilidades relativas ao nível de ensino dos estudantes. O elemento garantidor desse caráter é dado pelos cuidados tomados nos preparativos que antecedem à visita e nas iniciativas que a sucedem. Daí, então, virá a fase de avaliação da visita, valendo nota e ligada aos conteúdos trabalhados previamente em sala de aula. Os aspectos mais comuns a constarem do processo de avaliação da visita técnica a museus são aqueles que dizem respeito à descrição, interpretação e problematização de diferentes pontos da exposição, sempre com referência aos conteúdos escolares tratados, em sala de aula, com os estudantes.

3.4 Audiovisual

De todas as fontes históricas passíveis de serem usadas em sala de aula, nenhuma apresenta desafios maiores nem promete resultados mais compensadores do que o material audiovisual. É que, por um lado, apenas recentemente passamos a dispor de análises e reflexões mais consistentes sobre o uso do audiovisual em sala de aula (Abud, 2003) e, por outro, é justamente a mídia audiovisual a mais familiar e apreciada pelas novas gerações de estudantes.

Embora os PCN da educação básica reconheçam sua importância, são escassas as menções aos limites e às possibilidades abertas pelo uso de fontes audiovisuais em sala de aula. Tal fato pode ser devido à baixa disponibilidade de textos e obras que tratam do assunto à época da publicação dos PCN. É perceptível que a quantidade e a qualidade de obras dedicadas ao tema aumentaram consideravelmente desde então (Ferreira; Gomes, 2005).

No que se refere ao nível fundamental, pouca coisa encontramos nos PCN além da defesa da relevância do uso de fontes audiovisuais e dos temas de estudo que elas podem contemplar. O texto reconhece, por exemplo, que "As novas gerações de alunos habituavam-se à presença de novas tecnologias de comunicação, especialmente o rádio e a televisão, que se tornaram canais de informação e de formação cultural" (Brasil, 1997a, p. 24).

Trata-se de uma constatação importante, mas que talvez não revele em toda sua extensão a relevância do audiovisual na vida dos estudantes desse nível de ensino. Afinal, há muito tempo se tornou consensual o pressuposto de que a maior parte das pessoas forma sua noção do que é a história através do cinema e da televisão. Além dessas poucas constatações, o documento referente ao primeiro ciclo do ensino fundamental apenas lista como "favoráveis" os estudos da história dos meios de comunicação, citando o cinema e televisão (Brasil, 1997a, p. 56).

O cenário não é muito diferente nos PCN referentes ao terceiro e quarto ciclos do ensino fundamental para a disciplina de História. Novamente, você encontra ali o reconhecimento do impacto que os diferentes bens simbólicos produzidos pela Indústria Cultural exercem sobre os estudantes:

> *Rádio, livros, enciclopédias, jornais, revistas, televisão, cinema, vídeo e computadores também difundem personagens, fatos, datas, cenários e costumes que instigam meninos e meninas a pensarem sobre diferentes contextos e vivências humanas. Nos Jogos Olímpicos, no centenário do cinema, nos cinquenta anos da bomba de Hiroshima, nos quinhentos anos da chegada dos europeus à América, nos cem anos de República e da abolição da escravidão, os meios de comunicação reconstituíram com gravuras, textos, comentários, fotografias e filmes, glórias, vitórias, invenções, conflitos que marcaram tais acontecimentos.*
> *Os jovens sempre participam, a seu modo, desse trabalho da memória, que sempre recria e interpreta o tempo e a História. Aprendem impressões dos contrastes das técnicas, dos detalhes das construções, dos traçados das ruas, dos contornos das paisagens, dos desenhos moldados pelas plantações, do abandono das ruínas, da desordem dos entulhos, das intenções dos monumentos, que remetem ora para o antigo, ora para o novo, ora para a sobreposição dos tempos, instigando-os a intuir, a distinguir e a olhar o presente e o passado com os olhos da História. Aprendem que há lugares para guarda e preservação da memória, como museus, bibliotecas, arquivos, sítios arqueológicos.* (Brasil, 1998, p. 38)

Trata-se de uma importante constatação, cujo sentido último pode ser reputado como positivo: os estudantes aprendem muito sobre a História, como disciplina, por meio dos conteúdos históricos veiculados pelas diferentes mídias. É óbvio que o texto não é ingênuo a ponto de afirmar ou sugerir que essa aprendizagem é isenta de implicações. Mas você deve reconhecer que o diagnóstico ali contido vai muito além da tradicional condenação, pura e simples, da mídia. Longe estão os tempos em que uma leitura reducionista da Indústria Cultural condenava todos os seus produtos a simples instrumentos de alienação e embrutecimento das massas, a serviço da imposição do modo capitalista de produção.

Se o material audiovisual pode ser um valioso instrumento para a aprendizagem da História e, ao mesmo tempo, tem implicações de diversas ordens (políticas, econômicas etc.), como aquele pode ser usado em sala de aula? As instruções, novamente, são sucintas. Tudo que os PCN da fase final do ciclo fundamental propõem são possíveis temas de estudos relativos ao cinema:

> *São valiosas as situações em que os alunos podem estudar a história do cinema, a invenção e a história da técnica, como acontecia e acontece a aceitação do filme, as campanhas de divulgação, o filme como mercadoria, os diferentes estilos criados na história do cinema, a construção e recriação das estéticas cinematográficas etc.* (Brasil, 1998, p. 89)

Somente nos textos relativos ao ensino médio é que iremos encontrar considerações mais extensas e produtivas sobre o uso do audiovisual como fonte para a História, em sala de aula. Contudo (e em flagrante contraste com os outros tipos de fontes tratadas nesses documentos) as competências e as habilidades que se espera que os estudantes venham a desenvolver estão praticamente ausentes e, o mais importante, a forma e as atividades pelas quais elas podem vir a ser adquiridas também estão.

Nos Parâmetros Curriculares para Ensino Médio (PCNEM), ao fazerem referência a "O que e como ensinar em História" (Brasil, 1997b, p. 21), o cinema aparece apenas no tópico relativo às representações do mundo social, no qual é elencado como objeto de estudo e aparece como resultado das novas tendências da história cultural e, nesses termos, como um tema possível de vir a constituir os conteúdos curriculares. Nesse novo enfoque, a cultura não é entendida apenas em suas manifestações artísticas, mas também nas diferentes formas de comunicar, sendo citado o cinema como exemplo.

As únicas considerações realmente extensas, presentes nos textos oficiais, aparecem, em particular, no item referente às "Práticas de ensino e recursos didáticos" (Brasil, 2006, p. 127). O texto, contudo, apresenta uma série de questões e deixa a maioria delas em aberto. Alguns trechos são francamente contraditórios e outros, inconclusivos.

Um primeiro problema que você não pode deixar passar despercebido é a tentativa de abordar, em um único item, mídias tão diferentes como o cinema, o vídeo, o DVD e a televisão. Embora esses diferentes suportes audiovisuais tenham – do ponto de vista dos processos sociais de produção, distribuição e consumo – implicações distintas, são tratados de forma comum, como se fosse possível homogeneizar as características que lhes são intrínsecas. Não obstante os problemas que essa abordagem provoca, o texto propõe o "ensino visual" (Brasil, 2006, p. 129), que seria composto por dois níveis distintos, mas interdependentes.

Um primeiro nível é definido como o mais imediatamente apreensível, composto por dimensões como a da "ilustração, o exemplo para a ação, o entretenimento e até o poder catártico que pode provocar a visão de um fato reconstruído pela sua representação – atualização" (Brasil, 2006, p. 129). Trata-se, pois, do nível do senso comum sobre o produto audiovisual.

O segundo nível se refere à análise e à interpretação da mensagem e do meio. Aqui é enfatizada a necessidade de submeter a televisão e o cinema a procedimentos como estranhamento e desnaturalização. O objetivo é levar os estudantes a desenvolverem uma "perspectiva crítica e cidadã dos meios de comunicação" (Brasil, 2006, p. 129).

É essa perspectiva crítica, e as implicações inerentes ao seu desenvolvimento, que nos interessa examinar de perto. O texto revela uma nítida desconfiança em relação ao audiovisual, o que, em certa medida, pode revelar algum tipo de comprometimento com os antigos pressupostos dos teóricos da Escola de Frankfurt e o conceito, originalmente desenvolvido por eles, de Indústria Cultural (Horkheimer; Adorno, 1985).

Às páginas finais das Orientações Curriculares para o Ensino Médio: Ciências Humanas e suas Tecnologias, é proposta "uma reflexão sobre o uso do filme como recurso e observar seus efeitos e defeitos" (Brasil, 2006, p. 130). Essa colocação é instigante. Afinal, o que são considerados "defeitos" do filme podem ser, justamente, as manifestações dos condicionantes dos processos sociais de produção, distribuição e recepção da obra. Nesses termos, não poderiam ser encarados como "defeitos" (que, por hipótese, deveriam ser passíveis de observação e, no limite, "correção"), mas sim como aspectos constitutivos do produto simbólico, produzido numa base industrial.

Para encerrar essa parte, cabe comentar uma última passagem do texto em exame, na qual se propõe que "os elementos de sua constituição, no caso do filme, já determinam a sua recepção" (Brasil, 2006, p. 130). Ora, pretender que a recepção seja predeterminada é desconsiderar a natureza fundamentalmente polissêmica da recepção dos bens simbólicos. Você deve levar em conta que a recepção dos filmes, em particular, varia enormemente para cada grupo social e, mais ainda, de indivíduo para indivíduo. Assumir que ela é predeterminada pelos elementos que compõem o filme inevitavelmente nos fechará os olhos para a riqueza da diversidade de experiências pessoais e sociais que constituem a recepção. Ressalta-se que é por meio do estudo da recepção que podemos revelar a relação que se estabelece entre os produtores do audiovisual, o contexto histórico em que atuam, aquilo que pretendem representar filmicamente e o público que almejam atingir.

De tudo o que foi exposto, a conclusão a que podemos chegar é que os PCN da educação básica, em seus vários documentos, contêm indicações de escassa utilidade para nortear o trabalho dos professores com o audiovisual em sala de aula. Não obstante, temos ali um ponto de partida. Devemos, mais ainda, reconhecer que esses textos são importantes porque defendem enfaticamente a necessidade de usar fontes audiovisuais em sala de aula, no interesse do processo de ensino--aprendizagem pautado por uma perspectiva crítica, que é incompatível, logicamente, com o uso frequentemente feito dos filmes em sala de aula: como mera ilustração dos conteúdos tratados (no melhor caso) ou como uma representação fiel da realidade histórica (no pior). O material audiovisual que é trazido para a sala de aula sempre deve ser encarado como problema de pesquisa, como objeto de debate, como material para reflexão e jamais como uma "janela" para a realidade histórica, abordagem que infelizmente ainda é frequente entre alguns educadores.

Todo material audiovisual deve ser encarado com base nos mesmos métodos, procedimentos e abordagens que já há tempos se tornaram usuais no trato documental. O filme, a novela, o telejornal, o documentário, a minissérie etc. são produtos socialmente produzidos num contexto histórico determinado. Conhecer em detalhes as circunstâncias em que foram produzidos e de que forma estas foram influenciadas pela conjuntura que então se vivia é uma abordagem indispensável.

Defende-se aqui o ponto de vista de que o uso de fontes audiovisuais em sala de aula coloca a você o desafio, assim como o fazem as demais fontes históricas, de proceder como pesquisador. O foco da pesquisa deve ser elucidar de que forma teriam transcorrido as diferentes etapas dos processos de produção, distribuição e exibição do filme ficcional, do documentário, da minissérie etc. escolhidos.

O conceito de Indústria Cultural dominou durante muito tempo os estudos dos meios de comunicação. Os pressupostos acerca da finalidade e função a que se prestavam as mídias levou ao obscurecimento do caráter contraditório, polissêmico e aberto que geralmente assume a recepção dos seus produtos – para não mencionar as motivações para sua produção. Contudo, diversos componentes do conceito de Indústria Cultural ainda são válidos e podem constituir um guia útil para a construção de uma metodologia de pesquisa do material audiovisual (Horkheimer; Adorno, 1985).

É extremamente útil encararmos a Indústria Cultural de forma estrita, ou mesmo literal: como um ramo do setor industrial dedicado à produção de bens simbólicos. Nesses termos, você pode abordá-la como representante de um entre tantos ramos da indústria, sobre a qual recaem questões típicas de qualquer processo produtivo: como identificar e atender às demandas do mercado, manter e garantir a margem de lucro, efetivar o recrutamento e controle da mão de obra, antecipar movimentos da concorrência, adaptar-se às mudanças na tecnologia e na legislação que rege o setor etc.

Mas você não pode perder de vista as especificidades desse ramo de negócio. Os meios de produção, distribuição e consumo de bens simbólicos têm implicações distintas em relação aos bens de consumo duráveis, não duráveis, aos bens de capital etc. É nesse ponto que devemos atentar para as questões que são específicas para os elaboradores de audiovisuais e que são relacionadas à Indústria Cultural. Assim, pode-se citar a questão dos direitos autorais. O produto audiovisual tem de ser original, distinto daqueles já existentes, a fim de não infringir os direitos dos detentores da propriedade intelectual de produtos preexistentes ou, então, deve-se negociar a cessão de direitos para sua conversão em filme, novela, documentário etc. O realizador do produto audiovisual tem ainda que se antecipar à perda do seu controle sobre os direitos da própria obra.

Essa preocupação é particularmente importante nos dias atuais, nos quais a lógica do compartilhamento de arquivos ameaça anular quaisquer esforços para se manter o controle sobre a arrecadação de direitos relativos à propriedade intelectual. Como exemplo marcante, podemos citar as enormes diferenças que se verificaram nas estratégias de lançamento dos filmes brasileiros *Tropa de Elite* (2007) e *Tropa de Elite II* (2010). No primeiro, houve o vazamento do arquivo audiovisual (ainda em fase de finalização) na internet, fazendo com que um número substancial de espectadores (estima-se em mais de 11 milhões) entrasse em contato com o filme antes mesmo do lançamento (G1, 2010). Tal contato se deu tanto sob a forma do *download* não pago quanto da aquisição de DVDs piratas no mercado informal.

Já o lançamento do segundo filme foi cercado do máximo controle do processo produtivo a fim de evitar o vazamento de versões preliminares do produto. Um cuidado adicional foi tomado para impedir a cópia ilegal do filme durante as sessões de projeção após a estreia. A fim de comprometer os donos dos cinemas com a restrição ao uso de filmadoras por parte daqueles que assistem ao filme, que estão presentes durante a projeção, cada unidade das cópias foi numerada. Os realizadores deixaram claro ao circuito de exibição que, caso houvesse cópias do filme feitas por filmadoras durante a projeção, seria possível identificar o local onde foram feitas as tomadas e, nesse caso, corresponsabilizar civil e criminalmente os responsáveis pela sala de projeção.

Outro aspecto inerente ao produto audiovisual diz respeito ao conteúdo da obra. Aquilo que é mostrado em filmes, novelas, documentários etc. tem de lograr impacto sobre a audiência, mas também não pode afrontar os valores do público, dos patrocinadores da obra e do poder estabelecido. Temos aí um delicado equilíbrio no conteúdo dos audiovisuais, cuja obtenção desafia seus realizadores.

No caso do filme histórico, de ficção ou documentário, você deve pesquisar a relação que ele mantém tanto com a época em que é realizado quanto com aquela que retrata. A época em que o filme é concebido tem implicações relativas às questões da sua realização: Como foi definido seu conteúdo? Como foi financiado? De que maneira os diferentes profissionais que nele tomaram parte influenciaram o conteúdo final? Como foi distribuído? Que impacto financeiro e cultural se esperava obter?

A época retratada nos filmes também guarda estreita relação com o contexto no qual são realizados. Isto é, ao se retratar uma época histórica, necessariamente elementos do contexto de produção do filme irão influenciar a forma pela qual aquela época está sendo representada. Além disso, os eventos, os personagens e os temas retratados se relacionam com uma história muito mais antiga, originada da cultura, dos valores, das utopias e das tragédias vividas por cada povo (Toplin, 1996). Aquilo que é mostrado nos filmes, via de regra, não só tem de fazer sentido para a audiência dos cinemas, como também atender a determinados anseios sociais e determinadas necessidades psicológicas da coletividade no interior da qual foi realizado, sob pena de vir a se constituir num fracasso comercial. Essas considerações são válidas tanto para os filmes de ficção quanto para o documentário. Para o último, ao ser assumido como representação da realidade histórica, pode permitir tratar de temas absolutamente originais, relativamente desconhecidos ou mesmo totalmente ignorados pela audiência. Nesse caso, é precisamente seu caráter original que será capaz de estabelecer com o público uma relação significativa.

Contudo, apenas a originalidade não é suficiente para tornar o conteúdo do documentário inteligível ou crível. A fim de lograr transmitir ao espectador seu conteúdo, o documentário se obriga a utilizar rigorosamente as mesmas técnicas de linguagem cinematográfica que são comuns aos filmes ficcionais. A roteirização, a edição de imagens e sons, a encenação, a dramatização etc. tornam muito tênue, senão inexistente, a distinção que é usualmente feita entre eles. Afinal de contas, todos os filmes sempre são representações da realidade.

Independentemente do seu objeto de análise e interpretação ser um filme ficcional ou documentário, parece óbvio que tanto um quanto outro contém elementos de ficção e de não ficção, embora em proporções que podem variar. Então, uma das tarefas do historiador seria explorar e problematizar a tensão entre o estado atual dos estudos e pesquisas na disciplina de História, ou seja, o estágio presente dos conhecimentos, e o que é retratado nos filmes. Isso implica extensas pesquisas e consultas a documentos não ficcionais, comparando-os com aquilo que é mostrado mediante o recurso de encenação (Menezes, 2003). Esse é o desafio legado a você, como professor-pesquisador: levantar previamente a maior quantidade possível de informações sobre o filme que está sendo levado à sala de aula e, com base nisso, construir uma interpretação crítica do audiovisual, que viabilize a orientação do trabalho com os alunos.

Recapitulando, podemos dividir a metodologia de pesquisa prévia do audiovisual trabalhado em sala de aula em três níveis distintos e complementares (Oliveira, 2010). O primeiro e mais óbvio elemento a ser analisado é o conteúdo da própria obra cinematográfica. Que história o filme nos conta? Qual o sentido explícito e implícito da narrativa? Como os personagens e eventos são retratados, tematizados e (des)valorizados? Quais componentes da conjuntura histórica são lembrados ou esquecidos?

Tais questões devem ser respondidas levando-se em conta simultaneamente o conteúdo e a forma da narrativa fílmica. As questões relativas ao conteúdo foram citadas, mas não podemos perder de vista que a definição de um certo conteúdo se faz, em boa medida, por meio da linguagem cinematográfica. As características positivas ou negativas que um personagem ou evento retratado no filme assume têm, provavelmente, mais a ver com aspectos como a interpretação dada pelo ator, a trilha sonora que foi utilizada, os enquadramentos e os ângulos pelos quais a câmera fez as tomadas de cena, as formas pela quais a edição e a montagem das imagens foram feitas etc. Enfim, é importante que os diferentes componentes da linguagem cinematográfica sejam isolados e descritos para que, paralelamente ao entendimento da forma que o filme assume, seja possível avançar na compreensão de seu conteúdo.

O segundo nível de abrangência são as já referidas condições de produção do audiovisual e a relação que elas mantêm com a época respectiva (Ferro, 1976, 1992). No mínimo, devem ser levantadas as informações básicas sobre o processo de produção do filme, incorporando, tanto quanto possível, dados sobre a forma pela qual cada um dos membros da equipe de produção desempenhou suas funções e como isso afetou o resultado final. Nesse estágio, é relevante você atentar para a ficha técnica do filme. A leitura do nome do diretor, do roteirista, do autor do argumento original, do montador, do autor da trilha sonora etc. pode fornecer dicas importantes sobre o efeito que a produção do filme busca causar. Numa situação limite, o ideal seria dispor de uma história da produção do filme, com todos seus nuances e vicissitudes, embora reconheça-se apenas em situações excepcionais isso é possível.

O entendimento das condições sociais e históricas de produção do audiovisual não pode deixar de levar em conta o impacto que os condicionantes dos diferentes gêneros cinematográficos e televisivos exercem sobre elas. O início da divisão dos filmes e novelas em gêneros é quase tão antiga quanto o do audiovisual, tendo se cristalizado na atual forma apenas muito recentemente. Hoje em dia, provavelmente você mesmo já reparou que até as crianças de muito tenra idade são capazes de, frequentando os expositores de uma videolocadora, por exemplo, distinguir entre produtos de diferentes gêneros: drama, comédia, documentário, faroeste, ficção científica, aventura etc.

É importante ter claro que o filme de conteúdo histórico necessariamente tem de se submeter às convenções estéticas, narrativas e de linguagem que são inerentes ao gênero. Boa parte do que as abordagens mais tradicionais sobre o uso do audiovisual se referem como os "defeitos" dos filmes históricos são justamente essas convenções do gênero a que ele se filia. Daí a importância de se destacar, na metodologia da pesquisa sobre o audiovisual que você pretende levar à sala de aula, a maneira pela qual a filiação ao gênero influencia a narrativa.

O fato é que, sendo um produto destinado a ser vendido no mercado de bens simbólicos, o filme tem de ter êxito comercial. Isso implica não afrontar as convenções do gênero a que pertence. Um documentário tem de convencer sua plateia de que os fatos narrados são resultado de uma sólida pesquisa e que nada foi inventado (Xavier, 2001; Rosenstone, 1995); o drama deve conter uma história de superação e encerrar com alguma mensagem pautada pelo sentido da elevação moral e pessoal dos seus protagonistas (Rosenstone, 2006); a comédia trabalha com elementos como a caricaturização, a paródia e a sátira de indivíduos e instituições (Chapman; Glancy; Harper, 2007), e assim por diante.

Ora, o problema é que a vida real, em especial a história "tal qual aconteceu" raramente decorre como se fosse um drama, uma comédia ou uma aventura (Rosenstone, 1995, 2006). Assim, no intuito de adaptar as descrições disponíveis sobre um fato histórico às convenções do gênero, os realizadores do filme se obrigam a introduzir (e/ou retirar) elementos que nada tem a ver com a realidade histórica, tal qual a conhecemos. Essas distorções não devem ser rejeitadas como se fossem "defeitos" do filme, afinal de contas estão lá para fazer o filme funcionar, para tornar a narrativa eficaz (tanto do ponto de vista artístico quanto comercial). Portanto, não devem ser entendidas como "defeitos" que poderiam, por hipótese, ser "consertados", mas como aspectos constituintes do filme, que é – ao mesmo tempo – um empreendimento comercial e uma obra de arte.

Finalmente, o terceiro nível da metodologia aqui proposta se refere ao estudo da recepção do filme. Essa é uma estratégia indispensável para você entender também a relação entre o autor, a obra e a sociedade na qual foi produzido. Por se tratar de produtos veiculados pelos meios de comunicação de massa, a recepção somente pode ser conhecida mediante uma amostra. É importante você qualificar essa recepção, inclusive se referindo ao ponto de vista socialmente determinado de cada receptor. Infelizmente, nem sempre isso é possível. Mas, em se tratando de analisar as diferentes falas da audiência sobre o filme, pelo menos dois diferentes pontos de vista devem ser levados em conta: o da crítica e o do público.

Os escritos dos críticos de cinema e televisão são uma fonte inesgotável de informações sobre a recepção do filme. Tópicos relevantes sobre como a obra foi recebida e entendida podem ser obtidos com a leitura das colunas especializadas na crítica dos diferentes produtos audiovisuais. Contudo, você deve sempre levar em conta o caráter não representativo dessa amostra de receptores. Esses críticos são pagos para se pronunciar sobre esses produtos audiovisuais, tendo uma cultura fílmica acima da média e, via de regra, dominando o jargão específico dos estudos de comunicação. Frequentemente, suas avaliações são antagônicas àquelas da média do gosto popular. Quantas vezes ouvimos falar que determinado filme foi um fracasso de crítica, mas um sucesso de público (ou vice-versa)? Ainda assim, tratam-se das avaliações mais abundantes e atualizadas que podemos encontrar e, por isso, não devem ser deixadas de lado.

Com a crescente interligação de um número cada vez maior de indivíduos à internet, cada dia está ficando mais fácil conhecer as diferentes formas pelas quais os filmes são recebidos, por um público que é cada vez mais amplo. Em particular, os *sites* de relacionamentos, as páginas oficiais, os grupos de discussão, as redes sociais etc. proveem um número substancial de opiniões, críticas e avaliações dos filmes por parte de uma enorme variedade de públicos. O desafio, geralmente impossível de dar conta, é estabelecer alguma relação entre quem emite opinião sobre o filme e o tipo de público ao qual pertence. Em alguns poucos casos, as pessoas que se pronunciam nesses espaços virtuais divulgam alguma informação sobre si (idade, sexo etc.), mas esses eventos não costumam ser frequentes. Não obstante, a leitura das avaliações que membros do público geral fazem sobre o filme nos dá pistas úteis para formular hipóteses sobre como ele está sendo ou foi recebido e entendido pela audiência.

Até aqui, nos referimos a uma análise que está centrada no produto audiovisual – no singular. Contudo, existem méritos ainda maiores no uso simultâneo de mais de um filme em sala de aula. Uma comparação entre as várias versões que uma mesma história teve retratadas no cinema certamente permite avançar mais no entendimento do filme que está sendo examinado e da relação que mantém com a sua época. Mais ainda, possibilita perceber as transformações operadas na linguagem cinematográfica (edição, montagem, efeitos especiais, dramatização, cenarização etc.).

A restrição que existe a essa abordagem diz respeito ao tempo requerido. Se a exibição de um único filme já abrange período considerável da carga horária da disciplina, o que dizer de dois (ou mais) filmes? A sugestão para superar esse impasse é apresentar apenas trechos dos filmes, considerados os mais significativos, em vez de mostrá-los inteiros. Aliás, essa sugestão também é válida para a análise de filmes. Com gravadores de DVD, câmeras fotográficas que são capazes de copiar filmes da televisão ou mesmo programas de computador (como o *Microsoft Movie Maker*) você pode fazer uma seleção dos trechos dos filmes que deseja trabalhar em sala de aula. A exposição apenas de partes, em vez da obra integral, permite manter o foco sobre determinadas questões que você deseja trabalhar em sala, ganhando mais agilidade e reduzindo o impacto do tempo de exibição do filme sobre a limitada carga horária da disciplina.

Até agora falamos de forma indistinta dos diferentes produtos audiovisuais (televisão, cinema, DVD etc.). De fato, a metodologia comentada se presta ao exame do conteúdo desses diferentes suportes midiáticos. No entanto, cabe comentar sobre as especificidades inerentes a cada uma dessas mídias e em especial sobre o impacto que a forma assumida pelo audiovisual exerce em cada uma delas. As distinções mais importantes nos permitem perceber mídias que são concebidas para formatos de telas pequenas e mídias concebidas para telas grandes, ou seja, as que são destinadas para o espaço doméstico e as que são destinadas às salas de projeção. De um lado temos a televisão, o DVD e a internet, e de outro, o cinema. Há distinção entre os produtos criados para televisão, DVD e internet e os feitos para cinema. Assim como há, também, diferença entre as obras realizadas como forma de obter lucro monetário (por meio do mercado) e as que já começam as ser produzidas com recursos advindos de diversas modalidade de apoio cultural.

O fato de um produto audiovisual ter sido feito originalmente para o cinema ou para a televisão tem implicações sobre a forma que irá assumir. Os filmes destinados às telas pequenas têm de privilegiar muitos *closes*, tanto dos objetos quanto dos rostos dos atores. Isso se deve ao fato de que poucos detalhes são perceptíveis em uma tela pequena e de baixa resolução. A pouca profundidade de campo favorece que as tomadas sejam feitas em cenários que simulam interiores de edifícios, ou paisagens naturais (cenarizadas em estúdios). No caso de filmes feitos para internet, essas restrições são ainda maiores.

Já os filmes feitos para o cinema podem beneficiar-se da grande proporção das telas de projeção. A quantidade de detalhes que podemos perceber na tela de projeção coloca novas e maiores possibilidades de criação e desenvolvimento da trama. A grande profundidade de campo valoriza as paisagens naturais, tornado-as grandiosas e magníficas. No limite, a paisagem pode acabar tendo um papel protagonístico no filme feito para cinema.

Ser criado para exibição no espaço doméstico (televisão, internet, DVD etc.) também imprime especificidades na obra, em relação às destinadas originalmente a salas de projeção dos cinemas. Uma primeira distinção importante diz respeito à censura. Pode-se mostrar qualquer coisa em um filme feito para o cinema, porque, em última instância, ele será classificado como impróprio para menores de 18 anos. Muito maiores são as restrições aos filmes destinados à televisão, em especial à de sinal aberto e aqui não é relevante apenas a censura estabelecida pelos poderes públicos. A autocensura tem um papel importante no processo produtivo do audiovisual destinado à televisão aberta. Afinal de contas, por tratar-se de produto a ser assistido no interior dos lares, suscita (junto aos produtores) diversas implicações relativas à censura. São eles próprios, antes do Poder Público, que censuram os conteúdos mais delicados ou controversos, a fim de não perder audiência e patrocinadores.

Um bom exemplo a ser citado é o filme *The Day After* (*O dia seguinte*), de 1983, que retrata as consequências de uma guerra nuclear entre os EUA e a URSS e que recaíram sobre os habitantes de uma pequena cidade do interior do Kansas. À época do lançamento, o filme* foi tido como extremamente realístico, retratando de forma fiel os terríveis efeitos que as explosões termonucleares e a radiação subsequente exerceriam sobre as pessoas comuns. Posteriormente, seus realizadores admitiram que (por se tratar de um filme para televisão) tiveram de omitir uma série de sintomas, comumente associados à radiação, na

---

* Para ler comentários do público sobre o filme, acesse os seguintes *sites*: *Interfilmes*, *The Internet Movie Database* (IMDB) e *Adoro Cinema*.

performance de seus atores. Eram sintomas que, se mostrados na tela das televisões, pelos lares de todo mundo, provavelmente levariam à rejeição do filme. Assim, os cineastas desistiram de mostrar atores encenando padecer de sucessivas crises de vômito e diarreia, absolutamente comuns e inevitáveis em indivíduos expostos à radiação de explosões nucleares.

Além de tudo isso, os filmes destinados à televisão têm outras duas peculiaridades importantes em relação àqueles originalmente feitos para o cinema. A primeira é que precisam prever interrupções na narrativa, por conta de intervalos comerciais, geralmente a cada 15 minutos. Isso coloca ao realizador do filme para televisão o problema de criar e manter diferentes climas psicológicos a cada intervalo. Manter e retomar o suspense a intervalos regulares é um desafio constante. Além disso, você não pode perder de vista o fato de que esse veículo disputa a atenção de sua audiência com outras atividades domésticas, o que não é o caso do cinema. A narrativa para televisão tende, assim, a ser mais simples, modesta e imediatamente apreensível do que aquela presente nas obras para cinemas. Dessa forma, os filmes feitos para o cinema tendem a ter argumentos mais sutis, complexos e sofisticados do que os de televisão, embora essas distinções* já não sejam tão nítidas quanto eram há alguns anos.

Outra diferença importante que devemos fazer entre os produtos audiovisuais diz respeito às peculiaridades increntes ao filme e aos

---

* O programa policial de TV Aqui Agora (1991), com suas câmeras trêmulas e desfocadas, enquadramentos fora de perspectiva, iluminação incorreta ou muito fraca, conferia autenticidade às imagens feitas "no calor da hora". Tal abordagem televisiva exerceu enorme influência sobre os cineastas brasileiros, como se percebe, por exemplo, em *Tropa de Elite* (2007). Na cena final da novela *Roque Santeiro* (Dias Gomes; Silva, 1985-1986), há uma citação literal do enquadramento e do cenário usados no filme *Casablanca* (1942), um dos maiores clássicos do cinema.

seriados ou novelas. O filme é um produto pronto e acabado. É altamente provável que tenha sido influenciado pelas orientações técnicas, estéticas e políticas dos filmes que o precederam, mas seu argumento, roteiro, intenções etc. são definidos e executados de forma não interativa com o público.

Já os seriados ou as novelas são decisivamente impactados por essa interação. A duração, mais ou menos prolongada, necessariamente leva em conta as reações do público, manifestada em pesquisas de opinião pública, colunas de leitores em jornais e revistas etc. Assim, a adesão ou a rejeição do público aos temas, aos atores, às opções estéticas e às políticas presentes no audiovisual seriado acabam influenciando sua trama subsequente. Trata-se de um fenômeno social da mais alta relevância para se entender a relação entre audiovisual e sociedade, em particular nos seriados e telenovelas, que preveem a participação direta do público na definição do desfecho.

Uma última distinção entre os diferentes produtos audiovisuais diz respeito à forma de financiamento da sua produção. Refere-se a uma das variáveis de análise mais relevantes entre as que compõem as condições de produção audiovisual. Como o filme foi financiado? Quais as implicações disso? Resumindo e sintetizando ao máximo as variáveis desse caso, podemos nos ater ao exame de duas possibilidades: ou o filme foi feito visando ao lucro monetário e, nesse caso, foi autofinanciado, ou foi produzido com apoio cultural, isto é, com recursos públicos.

Obras autofinanciadas buscam se viabilizar com recursos do mercado. Além de arrecadar dinheiro com "propagandas" (*merchandising*) e patrocínio, buscam alcançar recursos por meio da venda da bilheteria (se feitas para cinema) ou pela audiência (se televisivas). Nesse caso, seus realizadores têm um compromisso muito maior com o gosto popular, à medida que dependem da aceitação do público, rápida e maciça, para pagar os custos que assumiram na realização do produto e também lograr algum lucro. Um caso extremo, que pode ser citado como exemplo, é o de alguns cineastas que, entre os anos 1960 e 1970, produziam filmes de terror, como o Zé do Caixão (José Mojica Marins), ou pornochanchadas, como Antônio Polo Galante. Eles dependiam da renda das bilheterias para amortizar os financiamentos que conseguiam para seus filmes e, portanto, estavam totalmente comprometidos com a satisfação do gosto popular. Tal era a precondição para a contínua retomada do ciclo financeiro, composto de captação de recursos, realização do filme, sucesso nas bilheterias, amortização dos empréstimos, realização dos lucros, nova captação, e assim sucessivamente.

Já os filmes financiados com recursos públicos se permitem uma relação (ou falta dela) com o público totalmente diferente. Por já terem sido integralmente pagos (inclusive os salários da equipe envolvida) antes mesmo de estrear, seus realizadores podem ficar despreocupados com a responsabilidade de pagar dívidas por meio dos resultados financeiros da bilheteria. Nesses termos, o cinema de autor* e o filme intelectual** têm plenas condições de prosperar. Afinal, por mais hermético, irrelevante ou incompreensível que seja o conteúdo do filme para o público, ainda assim ele tem a possibilidade de se realizar. Esse foi o caso de vários filmes integralmente financiados pela antiga empresa estatal Embrafilme, de 1969 a 1990, e, mais tarde, pelos filmes financiados sob os auspícios da Lei do Audiovisual (Lei nº 8.685, de 20 de julho de 1993) e/ou da Lei Rouanet (Lei nº 8.313, de 23 de dezembro

* Cinema de autor é aquele em que o estilo de produção do cineasta é reconhecível e, geralmente, o maior responsável pela forma que o filme assume (Paula, 2011).

** Filme intelectual pode ser definido como "um filme sobre o conceito de Humanidade, das relações humanas e da própria condição do Ser Humano. Frases profundas de autores célebres, pensamentos pertinentes sobre o amor, a vida e a perdição, são essa a verdadeira base do filme [...]" (Pereira, 2011). Via de regra, são filmes de reduzido apelo comercial.

de 1991). Cabe ressaltar o alto número de filmes que foram exibidos apenas em festivais ou dos quais foram feitas apenas algumas poucas cópias. É notável como a produção assim financiada tem se mantido distante do público e alheia às demandas sociais e psicológicas.

Com essas colocações, encerram-se os aspectos aqui considerados indispensáveis para a análise fílmica. Entendemos que qualquer metodologia de pesquisa prévia sobre o audiovisual que se pretenda levar à sala de aula deve incorporar, em diferentes dimensões, as variáveis de análise aqui comentadas. De posse dessas informações, você poderá viabilizar para seus alunos uma série de atividades. Seja o entendimento do sentido – implícito ou explícito – da história que o filme conta; seja das implicações do processo produtivo sobre o conteúdo da obra; seja dos compromissos políticos, estéticos e ideológicos de cada filme; seja, enfim, do caráter polissêmico e multifacetado da recepção do audiovisual.

Contudo, sempre tendo como referência os PCN, a análise fílmica não esgota as possibilidade de uso das fontes audiovisuais em sala de aula. Podemos enfocar como tema de atividades de pesquisa, reflexão e debate tudo aquilo que diz respeito à história do cinema, mas que não se refere ao filme em si. Estou me referido aqui aos fatos históricos ditos "cinematográficos".

A história do cinema pode ser uma valiosa e oportuna porta de entrada para o entendimento de uma série de questões que a disciplina de história nos coloca (Silva, 2005a; Silva, 2004). Essa História tem aspectos técnicos (a sonorização, o filme colorido, o cinema 3D etc.), políticos (o cinema-verdade, o cinema-engajado, o cinema como propaganda ideológica etc.), estéticos (o cinema hollywoodiano, a *nouvelle vague* etc.) que constituem o estudo dos fatos cinematográficos. Entre os mais relevantes aspectos da história do cinema, destaca-se a atitude dos espectadores, a qual tem sido palco de relevantes e dramáticas transformações em tempos recentes.

Você pode sugerir a seus alunos a realização de um projeto de pesquisa voltado para o entendimento das transformações históricas no hábito de se ir ao cinema. Essas mudanças podem, no que tem de essencial, ser observadas com base em entrevistas ou questionários feitos com membros das famílias dos estudantes. Uma vantagem de apelar aos membros do ambiente familiar é a possibilidade de obter depoimentos que contam com pessoas de formações, experiências e gerações diferentes das dos estudantes, propiciando a eles o contato com a diversidade da experiência histórica vivida por irmãos, pais, avós etc. As perguntas podem variar, mas, além dos dados pessoais do entrevistado (idade, sexo, escolaridade, local de residência etc.), devem cobrir aspectos essenciais da experiência social de se ir ao cinema: Qual a primeira vez que foi ao cinema? Com que frequência ia o cinema? Tem lembrança de quanto custava o ingresso? Com quem ia ao cinema? Onde fica(m) a(s) sala(s) de projeção? Como fazia para chegar lá? Que tipo de filme gostava de assistir? Qual o filme que mais gostou de assistir? Era fã de algum artista ou diretor? Em que época da vida mais foi ao cinema? Ainda frequenta as salas de projeção? Qual a última vez que foi ao cinema?

Você não deve descartar a possibilidade, nessa atividade, de tomar como objeto de pesquisa tanto os fatos fílmicos (isto é, a análise do conteúdo dos filmes em si) quanto os fatos cinematográficos (isto é, a história do cinema como arte, indústria ou política). Independentemente das opções que vierem a ser tomadas no processo de preparação das atividades que você gostaria de desenvolver com seus alunos, é importante notar o caráter fundamentalmente interdisciplinar que assumem as atividades com o audiovisual. De fato, tanto a análise fílmica quanto o estudo dos fatos cinematográficos podem se prestar admiravelmente à organização de uma série de atividades que são de interesse não apenas da disciplina da História, mas de todas as outras.

3.5 Fontes de História Oral

As fontes orais (como depoimentos e entrevistas) são as mais recorrentemente utilizadas nas atividades desenvolvidas para a sala de aula, e isso ocorre em todas as séries. Ao fazer o exame das vantagens do uso de fontes orais, fica fácil entender os motivos que possibilitam esse fenômeno. Em primeiro lugar, elas têm ampla aplicabilidade, servindo a uma grande diversidade de usos e finalidades. Em alguns casos, podem até mesmo ser a única fonte disponível, quando todas as outras já se perderam ou estão inacessíveis. Em segundo lugar, o custo que geram é baixo. Considerando que essas entrevistas serão feitas com membros da família do estudante e/ou outras pessoas que moram com ele ou perto dele, geralmente a coleta de respostas a questionários e entrevistas têm um custo que varia do nulo ao muito baixo. É claro, podem aumentar se as respostas forem gravadas em som e/ou imagem. Mas, mesmo nesses casos, o custo tende a ser uma variável de pouca relevância.

Para além das vantagens de ordem prática, vale citar aquelas relacionadas com o impacto sobre o processo de ensino-aprendizagem. Realizar entrevistas, coletar depoimentos, registrar, analisar e debater os resultados são atividades da mais alta relevância, no que diz respeito à aquisição das competências e habilidades propostas nos PCN. Tais atividades envolvem diretamente os alunos na produção e interpretação de dados, permitindo a eles experimentar na prática algumas das vicissitudes do processo de construção do conhecimento histórico. Mais ainda, possibilitam dominar conceitos muito mais amplos e abstratos, sempre partindo de uma realidade mas próxima e concreta aos estudantes.

Por tudo isso, a produção e a interpretação de fontes orais por parte dos alunos deveriam ocupar um lugar de destaque no processo de ensino-aprendizagem na disciplina de História, em todos os níveis de ensino. Porém, ao examinarmos os PCN para as diferentes séries da educação básica, percebemos que o tema nem sempre é tratado com a mesma ênfase, como seria de se esperar.

Nos PCN para o primeiro ciclo (1ª a 4ª série) do nível fundamental, o tema das fontes orais aparece pela primeira vez no item "Conteúdos comuns às temáticas históricas" (Brasil, 1997a, p. 51). Ali é mencionada a necessidade de oferecer aos estudantes oportunidades para a busca de informações em diferentes tipos de fontes (entre elas, a entrevista). O tema não volta a apresentar relações com o primeiro ciclo, sendo essa a única menção feita.

As fontes orais voltam a ser citadas nos PCN apenas no tópico dedicado ao ensino e aprendizagem de História no segundo ciclo (5ª a 8ª série). Ali, são destacadas as virtudes dos procedimentos didático-pedagógicos que partem da realidade mais próxima do estudante, "o entorno do aluno", a fim de construir conceitos mais abstratos. O exemplo citado é a coleta de entrevistas (Brasil, 1997a, p. 45).

Além da coleta de entrevistas, os PCN dedicados ao ensino fundamental também mencionam os depoimentos. Tais menções contemplam tanto a produção de fontes (no caso, a coleta de depoimentos) quanto a consulta às fontes já disponíveis (isto é, depoimentos já colhidos e publicados). Você pode perceber, por exemplo, o que é proposto em relação ao ensino e aprendizagem de História no primeiro ciclo: "Como se trata de estudos, em parte, sobre a história local, as informações propiciam pesquisas com depoimentos e relatos de pessoas da escola, da família e de outros grupos de convívio" (Brasil, 1997a, p. 40).

Ainda nesse texto, no que se refere ao trabalho com documentos, o tema reaparece no item relativo ao trabalho com leitura e interpretação de fontes, destacando a importância de oferecer aos estudantes "a oportunidade de obter e organizar informações diretamente das fontes de informação [...]" (Brasil, 1997a, p. 56), sendo citados, entre outros, os depoimentos orais.

São várias as indicações teórico-metodológicas para orientar o trabalho dos estudantes com fontes orais. São citados exemplos de como explorar as entrevistas no interesse da realização de pesquisas que abrangem temas de interesse da disciplina de História: "Pessoas da localidade podem ser entrevistadas sobre vivências específicas, histórias de vida, lembranças de eventos do passado e/ou incentivadas a explicar a seu modo as mudanças ou permanências de costumes" (Brasil, 1998, p. 89). Tem-se aí um bom exemplo do potencial das fontes orais, capazes de dar conta de processos e eventos históricos que, de outra forma, permaneceriam desconhecidos. Na mesma página, você encontra orientações importantes para organizar o trabalho de coleta das fontes:

> *Para colher depoimentos orais é importante escolher previamente o estilo da entrevista, isto é, se a pessoa falará de sua vida, se vai responder a determinadas questões, se vai ficar à vontade para conversar sobre um tema. Em todo caso, é preciso pensar anteriormente sobre o que será solicitado e sobre a melhor maneira de conduzir a entrevista. É sempre preciso definir que tipo de informação será coletada. Pode ser dada ênfase apenas às informações de que a pessoa dispõe sobre o tema de pesquisa e, sendo assim, os dados devem ser anotados no momento. Pode haver a preocupação em colher informações a partir das formas de comunicação da pessoa – oral e/ou gestual–, caso em que a entrevista deve ser gravada em vídeo ou em gravadores portáteis. No caso de gravação, será possível transcrever o depoimento, registrar por escrito o que foi dito oralmente.* (Brasil, 1998, p. 89)

Por mais curioso que possa parecer, nos PCN relativos ao ensino médio inexistem considerações sobre a História Oral. Nem entrevistas, nem depoimentos são contemplados. Essa anomalia foi em parte corrigida nas Orientações Curriculares para o Ensino Médio: ciências humanas e suas tecnologias (Brasil, 2006). Nele, a pesquisa e a produção de entrevistas e depoimentos são citadas como relevantes para o trabalho em sala de aula. Porém, as considerações destinadas a fornecer orientações para a organização do trabalho são mínimas. As mais valiosas são: "ao utilizar a história de vida, o questionário, a entrevista, é necessário que o aluno conheça cada uma dessas técnicas, seus limites e possibilidades, para saber o que está fazendo e como fazer, o que vai encontrar em cada uma delas e por que elas são, muitas vezes, usadas complementarmente" (Brasil, 2006, p. 127).

Durante toda a minha vida acadêmica, em diferentes trabalhos destinados a atender a necessidades específicas da carreira e da profissão, tive a oportunidade (ou a necessidade) de apelar para os métodos e técnicas da História Oral. No que se refere à educação básica, pude orientar diversos professores da rede pública de ensino do Estado do Paraná, entre 2007 e 2009, interessados em aplicar as técnicas da História Oral, em atividades de sala de aula, com seus alunos.

Em 2007, tive a oportunidade de orientar e acompanhar a execução dos projetos *Urbanização, êxodo rural e migrações* (Gasparetto, 2007a) e *Política e sociedade no Brasil contemporâneo* (Klamubing, 2007b), ambos desenvolvidos por professores-pesquisadores da educação básica em escolas da Região Metropolitana de Curitiba. Tais projetos visavam envolver os estudantes do ensino fundamental no planejamento e na execução de entrevistas. Os resultados dessas entrevistas eram tabulados, sistematizados e, na sequência, expostos e debatidos em sala de aula.

No caso do primeiro projeto, o foco era na reconstituição de histórias de famílias, seus antecedentes, suas origens e suas trajetórias até a sua fixação em Curitiba e na respectiva Região Metropolitana. Os alunos foram levados a perceber que havia, na maior parte das famílias pesquisadas, uma trajetória comum: há uma geração, suas famílias haviam saído da zona rural para a sede dos pequenos municípios e, em seguida, se estabeleceram em Curitiba. Com os dados colhidos entre seus próprios familiares, os estudantes puderam avançar na compreensão e no domínio de conceitos como êxodo rural, urbanização e migração.

O segundo projeto também se baseou extensivamente na coleta de informações mediante registros orais, mas, dessa vez, para interpretar a forma pela qual as pessoas comuns se relacionavam (ou não) com a política partidária no Brasil. Os estudantes elaboraram, em conjunto com o professor, um questionário sobre as atitudes dos membros das famílias destes que estavam aptos a votar. As questões se referiam à ligação (ou falta dela) entre o eleitor e o eleito à função de representante do povo e fiscalizador do Poder Executivo (que se esperava que os eleitos fossem capazes de desempenhar), ao conhecimento da forma pela qual as campanhas eleitorais eram financiadas, e assim por diante.

Os resultados revelaram uma maioria de cidadãos céticos em relação ao poder de transformação do voto, desconfiados das origens e das finalidades dos gastos com as campanhas eleitorais e descrentes com relação à possibilidade de os eleitos virem a se tornar seus representantes. É significativo que o autor do estudo (o professor-pesquisador que idealizou e orientou a pesquisa e os debates em sala) tenha dado como título ao seu relatório de atividades a expressão "democracia de araque".

No ano de 2009, dois projetos de intervenção em sala de aula, visando à utilização de fontes orais, foram propostos. Ambos se dedicavam ao estudo das origens familiares dos estudantes, sob diferentes perspectivas: *Os descendentes dos colonizadores do Paraná* (Garbozza, 2008) e *Imigrantes poloneses no Estado do Paraná* (Arcoleze, 2009). O primeiro projeto tinha a ambição de inserir a história familiar dos estudantes no contexto mais amplo das migrações e do processo de ocupação territorial paranaense. O segundo buscava também a inserção da experiência pessoal do estudante e de sua família no processo de aculturação vivido pela comunidade de origem polonesa no Paraná. A motivação para tal recorte decorreu do fato de a escola ser frequentada, em sua maioria, por alunos oriundos de famílias descendentes de imigrantes poloneses.

Os resultados de ambas as experiências foram altamente satisfatórios, por pelo menos duas razões: por iniciar os estudantes nos métodos e técnicas da História Oral (seus limites e possibilidades), exercitando tanto a coleta de dados quanto a interpretação destes, e por permitir a inserção da experiência concreta dos estudantes e seus familiares em conteúdos que sempre foram tratados abstratamente, de forma desligada da realidade cotidiana deles. Assim, os alunos perceberam que, em vez da história ser um objeto morto e enterrado, ela é um processo vivo e dinâmico, em permanente transformação, do qual os próprios alunos e suas famílias eram parte integrante.

Essas experiências, somadas às leituras de diferentes autores que se debruçaram sobre o estudo dos limites e possibilidades da História Oral, levaram-nos a consolidar um conjunto de pressupostos que, desde então, vem servindo para nortear a metodologia de uso de fontes orais. E é com base nelas que proponho o seguinte: leve em conta, antes de mais nada, o que é possível e o que não é possível fazer com base na História Oral. As possibilidades são muitas, mas também têm limites. Os métodos e as técnicas liberam o potencial máximo quando são capazes de prover informações e relatos sobre aspectos não contemplados pela História Escrita ou que nela foram insuficientemente tratados. Em especial, a História Oral é capaz de captar o ponto de vista subjetivo de participantes de diferentes épocas e contextos históricos, de uma maneira que é raramente encontrada na História Escrita. O entendimento das culturas e dos modos de vida que não têm uma relação extensa com os registros escritos é do que melhor podemos nos beneficiar do apelo à História Oral.

Tudo isso não pode nos impedir de perceber que a História Oral também tem limitações, e as de ordem prática são as mais fáceis de serem percebidas. Entre elas, podemos citar a dificuldade para encontrar pessoas com o perfil desejado para a pesquisa que se quer realizar. Mesmo quando localizados depoentes com as características que a pesquisa requer, ainda assim nada garante que essas pessoas estarão disponíveis ou em condições físicas (em especial, as de idade avançada) para participar das entrevistas. Finalmente, é importante levar em conta que a realização das entrevistas ou coleta dos depoimentos, bem como sua análise e interpretação, têm custos (gastos de tempo e dinheiro em deslocamentos, tempo de gravação/anotação das respostas, eventualmente transcrição do que foi dito pelos depoentes etc.).

Se os problemas de ordem prática suscitados pela História Oral são substanciais, mais ainda são os relacionados a questões teóricas. Aqui, é fundamental voltarmos a pensar a relação entre História e memória. O equívoco mais comum, em se tratando do recurso à História Oral, é confundi-la com a história "tal qual ela aconteceu". O fato de estarmos diante de uma testemunha ocular de fatos ou eventos históricos ou mesmo de uma pessoa que teve participação direta neles não deve nos levar a confundir o relato com a história em si. Independentemente de a pessoa falar com maior ou menor conhecimento de causa sobre os eventos que nos interessa elucidar, sua fala deve ser submetida aos mesmos procedimentos de crítica, interna e externa, comuns a todas as fontes históricas.

Na prática não é isso o que acontece, em especial nos depoimentos gravados para filmes documentários: aquilo que a testemunha dos eventos e/ou participante direto neles está falando para as câmeras é tomado literalmente. O fato de o indivíduo ter sido testemunha ou participante parece conferir às suas palavras o estatuto de verdade incontestável. Nada mais longe da verdade. É necessário tomar as fontes orais apenas pelo que elas são, isto é, fontes como as demais. Elas são, em princípio, merecedoras de tanto crédito (ou ceticismo) como quaisquer outras. É seu dever, como pesquisador, estar atento aos diferentes graus de verdade e mentira, erro e acerto, sinceridade e desejo de ocultação que seus entrevistados são capazes de lhe comunicar.

Tais precauções guardam relação com as características inerentes à memória humana. Em primeiro lugar, ela é falível. Isto é, conforme os indivíduos vão avançando em idade, suas memórias dos fatos passados tendem a ser obscurecidas ou esquecidas. Em segundo lugar, a memória é mutante e influenciável. As pessoas nunca lembram os fatos sempre da mesma forma ao longo de toda a vida. À medida que envelhecem, sua forma de lembrar vai sendo alterada.

Desenvolveremos melhor esse ponto, porque não estamos fazendo referência somente ao declínio biológico e sua influência sobre a memória. Estamos também apontando as alterações que indivíduos deliberadamente fazem sobre a forma com que lembram do passado. As principais mudanças da memória estão ligadas à sucessiva divulgação de novas informações e descobertas sobre o passado. A fim de manter a integridade de sua versão dos fatos, as pessoas se obrigam a lembrar deles de forma a compatibilizar sua versão com aquelas que estão sendo divulgadas ou, então, decidem manter sua versão, mas marcando a contraposição com o que gradualmente vai sendo instituído como o senso comum sobre o passado.

Imagine, por exemplo, as manifestações públicas de um participante do golpe de 1964, ao lembrar de sua atuação nos eventos. Em um primeiro momento, provavelmente, ele associaria aos seus pronunciamentos públicos sobre o Golpe as características esquerdistas do governo de João Goulart, a fim de justificar sua atuação política na época. Isso pode ter sido sua postura durante mais de uma década após o golpe. Gradualmente vão sendo divulgadas informações que tornam insustentáveis essas alegações. Provavelmente, esse personagem mudará sua ênfase então para o fato de João Goulart ter sido um presidente impopular. Já nos anos 1980, são tornadas públicas pesquisas históricas que revelam a alta popularidade de João Goulart entre o povo, mesmo às vésperas do Golpe. É grande a probabilidade de nosso protagonista dos eventos mudar a forma pela qual se lembra dos eventos para encontrar outras alegações mais plausíveis para seu apoio pessoal ao Golpe, e assim sucessivamente.

Além dessas mutações conscientes da memória, por parte dos personagens que se manifestam publicamente sobre os fatos históricos, existem também as mudanças feitas inconscientemente. É o que os pesquisadores se referem como a "invasão" da memória pessoal por elementos de uma memória institucional (Bosi, 1998). Se o indivíduo pertence a alguma instituição que tem uma memória oficial, é altamente provável que ele (geralmente de forma inconsciente, mas às vezes não) adapte, modifique ou altere (em grande parte) a forma como se lembra, em proveito da adoção da memória oficial da instituição sobre os eventos que presenciou ou dos quais participou.

Todas essas variáveis aqui mencionadas são relevantes no processo de definição de uma metodologia de uso da História Oral. Não pretendemos com isso negar ou desmerecer a importância das fontes orais. Longe disso, a intenção é enfatizar os méritos e as possibilidades da História Oral, mas é importante termos em conta que só seremos capazes de realizá-los na íntegra se estivermos atentos a essas questões de fundo teórico e metodológico.

Nessa altura, é fundamental distinguir e classificar custos e riscos inerentes às principais técnicas da História Oral que devem ser precedidas da identificação e da coleta dos dados para contato com o entrevistado. Você também deve tomar o cuidado de combinar como o nome será divulgado ou se será feita opção pelo anonimato. No primeiro caso, é importante obter a autorização por escrito para divulgação da entrevista, em especial se desejarmos publicá-la. No segundo caso, é necessário estabelecer um nome alternativo para designar o entrevistado ou, pura e simplesmente, adotar suas iniciais para se fazer menção a ele. Cuidados similares devem ser tomados no caso de gravação da entrevista sob forma de áudio ou audiovisual.

Em que pese a variedade de termos empregados, tais técnicas podem ser reduzidas a três. Por ordem de complexidade, são elas: o questionário, a entrevista dirigida e a história de vida (Queiroz, 1983).

O **questionário** é geralmente a forma mais simples e econômica de entrevista. O entrevistador leva ao entrevistado um conjunto predeterminado de perguntas, para as quais se esperam respostas precisas e objetivas. Mais ainda, é o tipo de fonte oral que mais facilmente se presta à comparação entre dados obtidos com diferentes entrevistados. O controle do professor-pesquisador sobre o processo de coleta e interpretação dos dados é grande e tende a simplificar as tarefas de pesquisa dos alunos. Por outro lado, essa técnica não dá ao entrevistado muita chance de intervir nas opções originalmente tomadas pelos elaboradores do questionário e, assim, em boa medida, os pressupostos teóricos e metodológicos do processo de coleta dos dados tendem a prosseguir de forma não questionada ou problematizada.

A **entrevista dirigida** não leva ao entrevistado questões fechadas e delimitadas, como no caso do questionário. O entrevistador indaga sobre questões relativas ao tema da entrevista, que é dividido em tópicos, mas não elabora perguntas, fazendo indicações a respeito do que o entrevistado deve falar. Nesses termos, o entrevistado tem uma relativa liberdade para abordar o assunto e definir quanto tempo irá dedicar a cada tópico. Contudo, não está livre para falar o que quiser sobre qualquer dos variados aspectos da sua experiência pessoal.

Essa técnica é usualmente associada ao depoimento, em que o depoente se pronuncia sobre determinados aspectos da sua experiência pessoal, que interessam ao pesquisador. A vantagem é proporcionar um grau de liberdade substancialmente maior para que o entrevistado se pronuncie, em especial no que se refere à possibilidade de contestação dos pressupostos da pesquisa. Por outro, as respostas tendem a ser mais extensas que as obtidas por meio dos questionários. Mais ainda, a base de comparação com outros depoimentos tende a ser mais problemática e mais restrita.

Já a **história de vida** é, como o próprio nome sugere, uma técnica de História Oral na qual o entrevistado reconstitui sua trajetória pessoal, geralmente seguindo uma ordem cronológica dos eventos. Trata-se da técnica mais extensa, mais cara e mais demorada de ser executada. Dessa forma, sua aplicabilidade tende a ser circunscrita a personalidades realmente singulares, cuja experiência pessoal foi consistentemente relevante para o entendimento de uma série de fenômenos e eventos ao longo de seu período de vida.

Dificilmente poderá ser executada pelos estudantes da educação básica e, de fato, mesmo entre os alunos de nível superior, é raramente aplicada. Afinal, o tempo e os recursos necessários para sua realização estão recorrentemente além daqueles usualmente disponíveis no ambiente escolar. Ainda assim, os estudantes da educação básica podem se beneficiar muito com pesquisas de consulta a esse tipo de fonte. De fato, diversas histórias de vida – tanto de cidadãos comuns (Morais, 2006; Palhares, 1982) quanto notáveis (Campos Junior, 2009; Haziot, 2010; Lobão, 2010; Morais, 2008) – foram e estão sendo publicadas, constituindo ótima fonte de pesquisa para os estudantes desvendarem uma série de aspectos-chave da história, em diferentes épocas e regiões.

Para encerrar este capítulo, cabe observarmos (com base nas nossas próprias experiências) o que têm sido as etapas típicas do processo de organização das atividades de pesquisa com o uso de fontes de História Oral em sala de aula. Não iremos analisar aqui a pesquisa com fontes preexistentes de História Oral, por entender que a elas cabe o mesmo tratamento dado a quaisquer outras fontes documentais escritas, o que já foi feito. O que será descrito a seguir se refere à produção de fontes com base em testemunhos orais por parte de estudantes de educação básica.

O primeiro passo é a definição e a delimitação do problema. É importante focar, da forma mais precisa e objetiva possível, qual aspecto ou questão se deseja desvendar. Nesse processo de definição, você deve considerar as questões de ordem teórica e prática já referidas. O ideal é que o universo de pessoas a ser abordado pelos estudantes lhes seja próximo, acessível e disponível. Recorrentemente, apela-se a pessoas da própria família, o que permite aos alunos perceberem a mudança histórica com base na sucessão das gerações que lhes precederam.

Uma vez definido o tema, o passo seguinte é elaborar uma questionário ou roteiro de entrevista. O objetivo é conseguir a padronização, tanto quanto possível, do tipo de respostas que serão obtidas. Esse procedimento é fundamental para realizar uma análise comparativa dos dados obtidos pelos estudantes, ou equipes de estudantes, ao final do processo.

Em seguida, procede-se à execução das entrevistas ou tomadas de depoimentos. Essa é a fase de coleta dos dados, para a qual você deverá providenciar as condições materiais e reservar o período de tempo necessário. Se os entrevistados não forem pessoas próximas ou facilmente acessíveis aos estudantes, o tempo dedicado a essa fase será comparativamente maior.

Uma vez efetuadas as entrevistas e/ou os depoimentos, segue-se à fase de sistematização dos dados. Aqui as tarefas mais comuns são a transcrição das falas dos entrevistados (no todo ou em parte) e o lançamento dos dados coletados em tabelas, discriminando as informações obtidas conforme o perfil dos depoentes (idade, sexo etc.). Depois disso, cada aluno ou equipe de alunos deve proceder à redação de um relatório das atividades realizadas. Mediante esse documento, eles tornarão público, para o professor e os colegas de turma, uma síntese da pesquisa, enfatizando as descobertas mais importantes. Finalmente, será possível fazer o fechamento, que pode assumir, entre outras, a forma de um debate entre os alunos ou a fixação dos resultados em um painel, a fim de dar publicidade dos resultados obtidos aos usuários do espaço escolar e mesmo à comunidade.

Síntese

O uso de fontes históricas em sala de aula é uma prática de ensino-aprendizagem consolidada. Seus méritos e suas possibilidades há tempos são amplamente reconhecidos. Contudo, você sempre deve levar em conta que o uso de documentos históricos em sala de aula tem implicações de ordem teórica e metodológica.

É absolutamente indispensável se manter atualizado sobre os diferentes usos que podem ser feitos das fontes e as formas de interpretá-las. A literatura especializada, que se dedica aos documentos históricos, está sempre em evolução, discutindo as relações que eles mantêm entre si e as novas formas de leitura que possibilitam.

As visitas a museus implicam necessariamente o contato com uma diversidade de fontes. Conforme foi colocado neste capítulo, cada tipo de fonte tem sua especificidade, exigindo distintos tratamentos teórico-metodológicos. Você deve considerar se está ao seu alcance trabalhar com os alunos a inteireza do acervo exposto ou se, pela complexidade inerente à diversidade de fontes, seria sensato restringir as atividades de discussão e avaliação a algumas peças das coleções presentes no museu.

O uso de fontes audiovisuais também vem se tornando cada vez mais comum em sala de aula e, arrisco dizer, inevitável. Cada vez mais somos cobrados e inquiridos pelos nossos alunos sobre os conteúdos de que tratam os filmes históricos. Você deve corresponder à curiosidade que o material audiovisual suscita entre seus alunos, deixando claro que se trata de um tipo de fonte de alto interesse para a História, cujo trabalho de análise e interpretação também deve seguir alguns pressupostos teórico-metodológicos.

Finalmente, no que se refere às fontes de História Oral, enfatizamos aqui sua profunda dimensão humana. Ao longo do capítulo, insistimos nas componentes de ordem técnica e científica do trabalho com essas fontes. Ao encerrar essa parte do texto, ficou o convite para que você reflita sobre o potencial das fontes orais de formarem pontes entre diferentes gerações. Mais do que a simples coleta de dados e informações, as fontes orais podem ajudar você e seus alunos a superarem a distância cada vez maior entre a nossa geração e as que nos precederam, o que, afinal de contas, é da mais alta valia para a constituição da cultura e educação históricas.

Indicações culturais

Livros e artigos

NAPOLITANO, M.; WASSERMAN, M. C. Desde que o samba é samba: a questão das origens no debate historiográfico sobre a música popular brasileira. **Revista Brasileira de História**, São Paulo, v. 20, n. 39, p. 167-189, 2000.

Uma interessante revisão historiográfica, útil tanto para entender as distintas maneiras pelas quais o samba tem sido interpretado no Brasil, em diferentes épocas, quanto para se perceber a relação que o pesquisador mantém com seu objeto de pesquisa.

OLIVEIRA, D. DE. (Org.). **O túnel do tempo**: um estudo de história & audiovisual. Curitiba: Juruá, 2010.

Uma demonstração de como podem ser interpretadas e discutidas as fontes audiovisuais, mesmo no caso de um produto televisivo destinado ao puro entretenimento, como é o caso da série O Túnel do Tempo, produzida pela 20th Century Fox, entre 1966 e 1967.

Filmes

CELESTE & ESTRELA. Direção: Betse de Paula. Produção: Dira Paes e Aurélio Vianna Junior. Brasil: Focus Filmes, 2005. 96 min.

Esse filme descreve de forma leve e engraçada as implicações concretas relativas à produção audiovisual no Brasil contemporâneo, em especial no que se refere aos processos de definição do conteúdo dos filmes e seu financiamento.

QUANTO VALE OU É POR QUILO? Direção: Sérgio Bianchi. Produção: Sérgio Bianchi, Paulo Galvão, Patrick Leblanc e Luís Alberto Pereira. Brasil: Riofilme, 2005. 104 min.

Um "docudrama", que é ao mesmo tempo uma crítica social dos nossos tempos e uma demonstração dos diferentes sentidos que fontes escritas e audiovisuais são capazes de produzir.

Atividades de autoavaliação

1. Com relação ao uso de fontes históricas em sala de aula, podemos observar nos PCNs:
   a) seu uso é restrito aos especialistas das universidades.
   b) a recomendação é para que seja adotada apenas nos últimos anos do ensino médio.
   c) a constituição de uma estratégia central para o desenvolvimento de diferentes competências e habilidades.
   d) a inexistência de considerações de ordem prática para orientar seu uso em sala de aula.

2. Nos PCN, as fontes escritas são entendidas como:
   a) de grande interesse e uso altamente recomendável.
   b) historicamente superadas pelo surgimento de fontes imagísticas.
   c) de difícil reprodução e distribuição entre os alunos.
   d) insuspeitas de carregarem juízos de valor e preconceitos.

3. Sobre as visitas a museus, podemos afirmar que:
   a) devem ser restritas aos estudantes das séries iniciais do nível fundamental.
   b) devem ser evitadas, a fim de não expor os estudantes a conteúdos superados e celebrativos.
   c) demandam planejamento prévio intenso e cuidadoso.
   d) são favorecidas pela abundância de instituições desse tipo, em todos municípios do Brasil.

4. O tratamento das fontes audiovisuais deve presumir:
   a) o fato de que o grau de realismo das imagens as qualificam como representações fidedignas da história.

b) que os documentários históricos são os únicos filmes realmente dignos de crédito.
c) que os filmes devem ser usados como ilustrações de como a história de fato aconteceu.
d) a adoção de metodologias de análise e interpretação específicas;

5. No que se refere às fontes de História Oral, é correto afirmar que:
a) são recursos valiosos para desvendar aspectos não contemplados ou privilegiados na História tradicional.
b) não são utilizáveis quando a diferença de idade entre entrevistado e entrevistador é grande.
c) não encontram apoio nos PCN, mas mesmo assim devem ser usadas.
d) são fontes não confiáveis, devido ao subjetivismo dos entrevistados.

Atividades de aprendizagem

Questões para reflexão

1. Escolha um museu ou espaço expositivo que você conheça bem e descreva o potencial dele para as finalidades do processo de ensino-aprendizagem na área de História.

2. Sugira um tipo de fonte primária que não tenha sido trabalhada neste livro. Desenvolva para ela uma metodologia de uso e aplicação em atividades de pesquisa em sala de aula.

Atividade aplicada: prática

1. Selecione um tema relevante para ser tratado sob a ótica da História Oral. Elabore um questionário para entrevistar indivíduos que se encaixem no perfil requerido pela pesquisa.

Capítulo 4

O objetivo deste capítulo é discutir as condições necessárias para a plena universalização da figura do professor-pesquisador. Embora você possa elencar vários aspectos relevantes para que esse processo seja levado a bom termo, o foco aqui se dá nas políticas públicas de capacitação e formação continuada.

Não compreendemos o processo de formação e exercício profissional do professor-pesquisador como um ato voluntarista, desligado das condições objetivas nas quais os professores vivem e trabalham. Assim, é fundamental examinarmos as políticas públicas propostas e executadas em diferentes níveis de governo, que visam viabilizar para os docentes condições adequadas para a execução de pesquisas.

O professor como pesquisador da sua própria prática

Outro tópico tratado neste capítulo é o livro didático como objeto primordial de pesquisa. Você deve considerar a sugestão aqui desenvolvida de que o mais importante tema de pesquisa para a prática docente é o exame crítico e detalhado do material que é oferecido ou imposto ao professor, incluindo aí a apostila ou o livro didático.

4.1 Universalização da figura do professor-pesquisador

Com base na literatura disponível, percebemos a existência de um sólido consenso a respeito da figura do professor-pesquisador. Nenhuma abordagem teórica, e isso já há algum tempo, contempla a possibilidade de o professor ser um mero repetidor de conteúdos pesquisados por outros, sobre os quais ele ignora tudo a respeito da forma pela qual foram produzidos. Em oposição a esse professor, que pouco mais é do que um treinador de alunos ou repetidor de conteúdos, surgiu, como resultado da crítica teórica aos tradicionais métodos de ensino, a figura do professor-pesquisador.

Contudo, a conversão, na prática, do conjunto dos professores em professores-pesquisadores ainda enfrenta diversas dificuldades, em particular no que se refere a questões concretas: jornadas de trabalho, geralmente prolongadas e exaustivas; baixos salários, que impõem sucessivos turnos de trabalho; inexistência de remuneração e condições materiais para exercer a pesquisa etc.

Em que pesem essas dificuldades de ordem prática, é preciso reconhecer que, gradualmente, o quadro está sendo alterado para melhor, como talvez você possa perceber mediante o exame das políticas públicas de educação, implantadas em diferentes níveis de governo. Entre esses níveis, o mais influente é, certamente, o Governo Federal, pela capacidade (que se espera que ele venha a ter) de impor ao país as mudanças que levarão à universalização da figura do professor-pesquisador.

Um bom ponto de partida para o exame da atuação do Poder Público federal é a leitura do Plano Nacional de Educação (Brasil, 2001b). Esse documento foi originalmente previsto pela Lei nº 9.394, de 20 de dezembro de 1996, denominada de Lei de Diretrizes e Bases da Educação Nacional (LDBEN), e propõe nortear a ação dos poderes públicos, em seus diversos níveis, a respeito das metas que devem ser atingidas a cada período de 10 anos.

O PNE contemplou uma série de medidas para a valorização do magistério. Boa parte delas pode ser entendida como funcionais para a universalização da figura do professor-pesquisador. Entre as várias metas propostas, vale citar:

> A *valorização do magistério implica, pelo menos, os seguintes requisitos:*
> ~ *uma formação profissional que assegure o desenvolvimento da pessoa do educador enquanto cidadão e profissional, o domínio dos conhecimentos objeto de trabalho com os alunos e dos métodos pedagógicos que promovam a aprendizagem;*
> ~ *um sistema de educação continuada que permita ao professor um crescimento constante de seu domínio sobre a cultura letrada, dentro de uma visão crítica e da perspectiva de um novo humanismo;*
> ~ *jornada de trabalho organizada de acordo com a jornada dos alunos, concentrada num único estabelecimento de ensino e que inclua o tempo necessário para as atividades complementares ao trabalho em sala de aula;*
> ~ *salário condigno, competitivo, no mercado de trabalho, com outras ocupações que requerem nível equivalente de formação;*
> ~ *compromisso social e político do magistério.* (Brasil, 2001b, p. 98)

Ainda sob a vigência desse plano, foi desenvolvida e disponibilizada aos professores uma oportunidade a mais para que eles se engajassem em projetos de formação continuada (que também foram previstos na LDBEN e são tidos como altamente funcionais para a aquisição e o aperfeiçoamento das habilidades de pesquisa dos professores). Essa política foi materializada na assim chamada *Rede Nacional de Formação Continuada de Professores*, a qual iniciou suas atividades em 2004, encontrando-se em funcionamento ininterrupto desde então.

A referida rede engloba instituições de ensino superior públicas (federais e estaduais) e professores de educação básica. Seu objetivo é oferecer cursos a distância e semipresenciais, com carga horária variável de 60 a 220 horas. Trata-se, pois, de uma relevante iniciativa no âmbito da formação continuada. Seu êxito, porém, continua fortemente dependente da possibilidade de os professores dos níveis fundamental e médio disporem de tempo e condições para frequentarem os cursos oferecidos.

Esses temas são retomados com mais ênfase no Projeto de Lei nº 8.035 de 2010 referente ao Plano Nacional de Educação para o decênio 2011-2020, que ainda está em tramitação no Congresso Nacional. A exemplo do antecessor, esse plano consiste em diversas metas, principalmente quantitativas, que visam nortear as ações dos poderes públicos. No que se refere às condições objetivas para a universalização da figura do professor-pesquisador, observe o que o documento propõe na meta 16: "Formar cinquenta por cento dos professores da educação básica em nível de pós graduação **lato** e **stricto sensu** e garantir a todos formação continuada em sua área de atuação" (Brasil, 2011, p. 18). Trata-se de um grande passo no sentido da transformação de todos os professores em professores-pesquisadores.

A oferta de cursos de pós-graduação irá permitir aos professores uma sólida formação científica e profissional, que é uma das mais importantes precondições para o exercício da pesquisa. Além disso, a formação continuada irá oferecer oportunidades consideravelmente mais amplas para a prática da pesquisa em si.

Naturalmente, objetivos tão vastos e oportunos não podem ser entendidos como tarefas exclusivas do Poder Público federal. Por isso, o texto prevê (ainda na meta 16, na parte em que trata de estratégias de implementação) o seguinte:

> *Realizar, em regime de colaboração, o planejamento estratégico para dimensionamento da demanda por formação continuada e fomentar a respectiva oferta por parte das instituições públicas de educação superior, de forma orgânica e articulada às políticas de formação dos Estados, do Distrito Federal e dos Municípios.* (Brasil, 2011, p. 18)

Na prática, essas iniciativas já estão em andamento. Diversos estados da federação já mantêm em funcionamento diferentes modalidades de cursos e outras iniciativas de formação continuada. Retomamos como exemplo o caso do Paraná, com o Programa de Desenvolvimento Educacional (PDE), cujo objetivo declarado é "Proporcionar aos professores da rede pública estadual subsídios teórico-metodológicos para o desenvolvimento de ações educacionais sistematizadas, e que resultem em redimensionamento de sua prática" (Paraná, 2011).

As atividades inerentes à pesquisa da prática exercida pelos professores têm na internet a sua ferramenta mais importante. Em especial, o acesso à internet de banda larga possibilita o acesso a uma infinidade de fontes históricas que de outra forma dificilmente estariam disponíveis. Fontes secundárias, como livros, apostilas, manuais etc. e fontes primárias, como filmes, músicas, documentos oficiais etc. podem ser baixados e consultados. Tal prática tende a ser mais fácil quanto mais intenso e mais amplo for o acesso à internet.

Vivemos há tempos numa Sociedade da Informação e o acesso à internet, com capacidade de operação cada vez mais ampla, é uma necessidade que se impõe. Tanto as conexões com outros usuários quanto, muito especialmente, o *download* de arquivos dependem de velocidades de operação do sistema cada vez mais altas. Nesses termos, não deixa de ser um constrangimento constatar que apenas 20% dos municípios brasileiros dispõem de acesso à internet de alta velocidade. Para além da reduzida oferta de banda larga, cabe mencionar também outra dificuldade no que se refere ao acesso à internet: o custo. Os serviços de acesso à internet no Brasil são, comparativamente, um dos mais caros do mundo (Silva, 2009; Carvalho, 2008). Tratam-se de dificuldades que, esperamos, venham a ser superadas nos próximos anos.

O atual Governo Federal tem se comprometido com a universalização do acesso da população à internet de banda larga, bem como com a redução dos custos desse serviço. São metas de governo da mais alta relevância para o processo educacional. Se, num futuro próximo, professores e alunos da educação básica estiverem todos conectados à internet de alta velocidade, melhores e mais amplas serão as oportunidades abertas ao aperfeiçoamento do processo de ensino-aprendizagem. É por essa razão que, em se tratando de comentar as fontes disponíveis para o exercício da atuação do professor como pesquisador da própria prática, comentamos, antes de quaisquer outros, os recursos oferecidos pela internet.

Entre a variedade de *sites* em funcionamento, alguns dos mais importantes e úteis para a pesquisa da prática docente são os pessoais. Graças à vertiginosa popularização dos *sites* pessoais e *blogs*, qualquer pretensão de consolidar uma listagem dos mais relevantes entre eles tende a ser rapidamente superada pelos eventos.

No que se refere a *sites* institucionais, são especialmente relevantes aqueles mantidos pelas instituições que assumem papel central na administração do sistema escolar em nível federal e estadual. O Ministério da Educação mantém em funcionamento, já há alguns anos, o Portal do Professor, lançado em 2008, como resultado de uma parceria com o Ministério da Ciência e Tecnologia. O objetivo do portal é apoiar os processos de formação dos professores brasileiros e enriquecer a prática pedagógica. O *site* abrange uma diversidade de conteúdos, como o *Jornal do Professor*, cursos, materiais, conteúdos multimídia etc. O sítio também se dispõem a ser um canal de comunicação entre escolas e professores, ao disponibilizar *links* para as diversas Secretarias Estaduais de Educação e respectivas escolas públicas.

Essas iniciativas têm correspondentes em diversas unidades da federação brasileira. Citamos novamente o caso do Paraná com o Portal Dia a Dia Educação. Trata-se de um conjunto de conteúdos hospedados no *site* oficial da Secretaria de Estado da Educação, que incluem publicações como livros, teses, artigos e dissertações; fontes primárias como filmes, clássicos da literatura, documentos etc. e, talvez o mais importante, relatos de experiências educacionais de professores da rede pública estadual. O compartilhamento de experiências concretas, desenvolvidas e aplicadas em sala de aula constitui um dos mais importantes recursos de pesquisa para o professor da educação básica sobre a sua própria prática.

A velocidade pela qual essas experiências vêm se disseminando pela internet é cada vez maior. Prova disso são os incontáveis *sites* e *blogs* mantidos por professores ou instituições, que atualmente se dedicam a divulgar experiências didático-pedagógicas. Dos *sites* institucionais, merece uma referência especial o da revista *Nova Escola*, da Editora Abril, que conta com o apoio do Governo Federal, que subsidia sua aquisição e distribuição em todo o país. É a revista mais conhecida da área de educação no Brasil (Machado, 2011; Motta, 2010; Silva, 2011). Entre os *sites* e *blogs* mantidos por professores, a título de exemplo, cito a Rede Histórica: a Rede Social de História.

Se somarmos a essas indicações os *sites* que hospedam revistas científicas relacionadas à área de história, os *sites* que indicam ou hospedam teses e dissertações de história; e publicações que são veiculados por entidades e associações científicas (tanto de historiadores quanto de pesquisadores do ensino de História), facilmente perceberemos como são vastas as fontes de informação sobre a teoria e a prática do ensino da disciplina. Todos esses recursos estão ao alcance do professor-pesquisador, desde que ele tenha acesso à internet.

A abundância quase ilimitada de informações que a internet provê convive com recursos tradicionais (e não menos valiosos) de pesquisa. As bibliotecas (inclusive aquelas que dispõem seus catálogos *on-line*), os arquivos (que, crescentemente, também veiculam seus documentos na internet), os museus (com suas visitas virtuais) etc. continuam a ser referências indispensáveis para pesquisas.

Dessa forma, parece claro que o principal recurso para a pesquisa do ensino de História não é propriamente o acesso à informação. Afinal, como notamos anteriormente, a inclusão digital e o acesso à internet tendem a se universalizar em curto prazo. Diante da abundância de informação que provê a Sociedade da Informação, o recurso mais demandado é tempo: tempo para localizar a informação de que necessita; tempo para analisar a informação que já obteve.

4.2 O livro didático como objeto de pesquisa

Já foi feita referência ao leque extraordinariamente amplo de temas de pesquisa que interessam ao professor. Assim, tanto pela abundância de temas, quanto pela de recursos para pesquisa, fica claro que o primeiro objetivo do professor-pesquisador consiste em estabelecer suas prioridades de pesquisa, que irão depender, frequentemente, dos conteúdos que irá ministrar, das demandas que seus alunos recorrentemente lhe fazem, das estratégias de ensino-aprendizagem que gostaria de testar ou implementar.

Dos vários objetos de pesquisa cabíveis nessas várias categorias, arrisco propor que um dos mais relevantes (senão o mais relevante) é o livro didático de História, que ainda é o principal instrumento de trabalho do professor, seja sob a forma de livro, seja de apostila. Em que pesem as inúmeras críticas que têm sido feitas ao uso do livro didático como instrumento norteador do trabalho do professor em sala de aula, a verdade é que ele continua a exercer esse importante papel (Coelho, 2005).

Muito já foi escrito sobre a influência nefasta e negativa que o livro didático (ou seu equivalente, a apostila) exerce sobre o processo de ensino-aprendizagem de História. Esse objeto tem sido acusado de oferecer uma versão fechada e acabada da história, de se orientar por uma concepção cronológica ou etapista dessa área do conhecimento, de oferecer conteúdos estereotipados ou mesmo francamente preconceituosos, e assim sucessivamente. Ocorre que a qualidade dos livros didáticos tem variado consideravelmente. Portanto, não podemos desconsiderar o fato de que, entre os variados livros didáticos disponíveis no mercado, vários deles são de alta qualidade e, nesses termos, possam vir a prestar inestimáveis serviços aos professores em sala de aula. Para além da qualidade, maior ou menor, dos livros didáticos também devemos levar em conta o útil papel que eles desempenham na organização do trabalho escolar. Professores e alunos têm nesses materiais um guia dos conteúdos que serão trabalhados em sala ao longo do ano letivo.

O ponto de vista que defendo aqui é que, muito provavelmente, o professor de História irá adotar um livro didático para seu trabalho em sala de aula ou, muito frequentemente, a escola na qual ele trabalha irá adotar uma apostila à qual ele terá de se submeter. Nesse sentido, cabe ao professor-pesquisador tomar o livro didático como seu primeiro objeto de pesquisa, e há ali muito a se pesquisar.

Devemos levar em conta que a distinção entre os livros didáticos e os acadêmicos de História não é apenas de forma, mas também de conteúdo. Como todo e qualquer livro de História, o didático também se insere numa historiografia, isto é, ele também faz parte da história do pensamento e da reflexão humanas sobre a história. Ou seja, em termos de conteúdo, ele é parte integrante da historiografia, o problema está quando ele não se assume como tal. A mais importante diferença de forma que assume o livro didático em relação ao acadêmico não diz respeito ao grau de dificuldade na leitura do texto, na presença ou não de ilustrações, no público a que se destina etc. A principal diferença está na relação que cada um deles mantém com o leitor.

O livro acadêmico é, fundamentalmente, um texto reflexivo. Uma vez que é dirigido a um público de iniciados (isto é, outros historiadores e/ou pesquisadores acadêmicos de outras disciplinas), sua principal função é explicitar de que forma os conhecimentos e as informações ali contidos foram obtidos e interpretados. Portanto, o livro acadêmico se obriga a apontar a origem das suas fontes, a descrever o conteúdo destas e a deixar claras as matrizes de inspiração teórica que conduziram sua interpretação. Mais ainda, o texto acadêmico interpela diretamente as contribuições dos autores que o precederam no exame das questões de que trata, tendo como objetivo criticar, confirmar ou refutar as contribuições anteriores. O conteúdo que apresenta não é simplesmente relativo ao passado: o livro acadêmico trata sobre aquele limitado número de aspectos do passado que as fontes e os testemunhos que pesquisou lhe permitiram conhecer.

A partir daí, deve ficar claro para você o pouco ou nenhum apelo comercial do livro acadêmico de História, que o tempo todo interrompe sua narrativa para chamar a atenção do leitor sobre o caráter parcial, incompleto ou controverso das descrições nas quais se apoia. Para dar conta das controvérsias que cercam determinado assunto, frequentemente remete o leitor para notas de rodapé, nas quais são citados diferentes autores que mantêm interpretações divergentes sobre os temas dos quais está tratando. Em contraste, apesar de o livro didático oferecer uma determinada versão da história, ele jamais se assume como tal. Seu conteúdo é a história entendida como definitiva, pronta e acabada. Assim, se o livro didático não explicita a forma pela qual definiu e constituiu seus conteúdos e não explica como escolheu suas fontes empíricas e referências teóricas, ele é (via de regra) um texto não reflexivo. A sequência de conteúdos de que é portador constituem uma determinada interpretação da história, a qual pode ser boa ou ruim, conter os elementos fundamentais do contexto histórico e dos temas tratados ou ignorar o que há de essencial para se saber sobre esses assuntos.

Eis aí aquele que entendemos ser o principal desafio do professor-pesquisador: desmontar, por assim dizer, o livro didático que ele ou a escola adota. Entender o sentido que ele imputa à história, descobrir que intenções ou orientações precederam a escolha dos conteúdos que o compõem, reconstituir as referências teóricas e orientações metodológicas que levaram a constituir suas interpretações (Silva, 2005c).

Mais ainda, uma vez que se tratam de obras profusamente ilustradas, você também deve perceber o sentido que as figuras impressas imputam à história (Gonsalves, 2005). Costumeiramente, as imagens contidas nos livros de História são ilustrações que, longe de ter um caráter puramente decorativo, como talvez tenham pretendido seus autores, acabam por sugerir representações fidedignas e literais dos eventos aos quais se referem. Dessa maneira, uma tarefa adicional que você deve encarar no processo de crítica e interpretação do livro didático é tomar não apenas o texto como problema de investigação, mas também as imagens ali contidas. Trata-se de um aspecto dominante na metodologia atualmente empregada na análise de livros didáticos (Rodrigues; Marinoci, 2005; Silva, 2010).

Síntese

Ao longo deste capítulo, tecemos diversas considerações sobre as condições necessárias à universalização da figura do professor-pesquisador. Você deve complementar e atualizar as informações aqui contidas, buscando informar-se sobre as políticas públicas que estão sendo propostas para viabilizar esse processo, a maneira como elas vêm sendo implementadas e os resultados obtidos.

Nesta parte do livro, também nos esforçamos para estabelecer a apostila ou o livro didático como objeto principal de pesquisa do professor. Parece claro que, ainda durante muito tempo, o livro didático e seus similares irão dominar a organização do trabalho escolar. Nesses termos, a interpretação e a crítica dos textos e das imagens que estes contêm consiste, para você (professor-pesquisador), uma condição de tarefa incontornável.

Indicações culturais

Livros e documentos

ARIAS NETO, J. M. (Org.). **Dez anos de pesquisas em ensino de história**. Londrina: Atrito Art, 2005.

> *Útil e extensa coletânea de comunicações feitas no VI Encontro de Pesquisadores do Ensino de História, pretendendo ser um balanço de toda uma década de pesquisas e estudos sobre esse ramo do ensino.*

BRASIL. Ministério da Educação. **Plano Nacional de Educação**. Brasília: Inep, 2001.

> *Trata-se do plano de ação e definição de metas para a educação brasileira, com o descritivo das atitudes para alcançá-las, detalhando os papéis que os poderes públicos, em seus diversos níveis, devem exercer.*

Schmidt, M. A.; Barca, I.; Martins, E. de R. **Jörn Rüsen e o ensino de história**. Curitiba: Ed. da UFPR, 2010.

Essa é uma coletânea de textos do importante pensador alemão Jörn Rüsen, que traz uma série de aspectos relativos à pesquisa da prática docente, incluindo uma útil sugestão de metodologia para análise do livro didático.

Filmes

A classe. Direção: Ilmar Raag. Produção: Kaspar Kaljas, Gerda Kordemets, Ilmar Raag e Riina Sildos. Estônia: Amrion, 2007. 97 min.

O filme retrata importantes aspectos da vida escolar contemporânea dos alunos de nível médio de um país em desenvolvimento (Estônia), com destaque para temas como o bullying, o preconceito e a violência.

As melhores coisas do mundo. Direção: Laís Bodanzky. Produção: Caio Gullane, Fabiano Gullane e Rui Pires. Brasil: Riofilme, 2010. 107 min.

Esse é um longa-metragem dedicado aos impasses, alegrias e conflitos de adolescentes brasileiros em relação ao ambiente escolar. Os temas tratados incluem bullying, preconceito, iniciação sexual e uso intensivo das novas tecnologias de comunicação.

Atividades de autoavaliação

1. Sobre o Plano Nacional de Educação, é correto afirmar que:
   a) remonta ao período do Brasil Império, tendo sido adotado após o fim do tráfico de escravos.

b) tem força de lei e leva à responsabilização cível e criminal dos governantes que não o cumprem.
c) foi instituído pela LDBEN.
d) não define estratégias para atingir as metas que propõe.

2. Sobre as condições de exercício profissional da figura do professor-pesquisador podemos afirmar que:
a) dependem fundamentalmente da vontade pessoal do professor para se realizarem.
b) não são contempladas nas políticas públicas.
c) há controvérsias sobre a real necessidade da sua universalização.
d) têm sido ampliadas, em algum grau, em tempos recentes.

3. Sobre a relação do livro didático com o ensino de História, podemos afirmar que:
a) continua a ser um recurso largamente usado por boa parte dos professores.
b) é condenável a adoção por professores que se pretendem críticos.
c) trata-se de material confiável, que não precisa ser submetido à crítica.
d) não pode ser adotado como fonte para o entendimento da história da educação.

4. Sobre o estilo de redação dos livros didáticos, é correto afirmar que:
a) é reflexivo, revelador e problematizador dos próprios conteúdos.
b) geralmente oculta o processo social de produção que o originou.
c) apresenta diferentes versões para os fatos que aborda.
d) assume explicitamente que seus conteúdos podem não ser os mais relevantes.

5. Sobre as imagens contidas nos livros didáticos, podemos afirmar que:
   a) são puramente ilustrativas, não impactando a compreensão crítica do texto.
   b) são sempre representações fidedignas dos fatos históricos ali comentados.
   c) sempre levam em conta as condições sociais nas quais foram produzidas.
   d) devem ser problematizadas e tomadas como objetos de pesquisa.

Atividades de aprendizagem

Questões para reflexão

1. Selecione uma experiência de ensino-aprendizagem em sala de aula que você reputa como positiva. Descreva-a oralmente aos seus colegas, enfatizando sua pertinência à realização dos objetivos propostos nos PCN, bem como seus pontos fortes e fracos.

2. Escolha um *site* ou *blog* que relate experiências de ensino-aprendizagem na área de História. Selecione uma das experiências relatadas e comente, com base na sua própria vivência em sala de aula, sobre a aplicabilidade da ideia.

Atividade aplicada: prática

1. Selecione um livro didático de História para a educação básica. Escolha um dos seus conteúdos para analisar e criticar, com base na historiografia atualizada e disponível sobre o tema. Faça um fichamento comentando criticamente as opções teóricas e metodológicas do texto selecionado.

Considerações finais

Entre a variedade de termos ligados à área educacional, surgidos em tempos mais recentes, gostaríamos de destacar, nestas considerações finais, aqueles que se referem à formação continuada, que designa a indissociabilidade das atividades de pesquisa e ensino, e a figura do professor-pesquisador, que estabelece corretamente que o processo formativo do docente jamais terá fim, continuando ao longo de toda sua carreira profissional.

Enfatizamos ao longo do texto o caráter inseparável das práticas de pesquisa e ensino. Somente por meio da prática constante da pesquisa (seja absorvendo conteúdos desenvolvidos por outros pesquisadores, seja fazendo emergir novos conteúdos e interpretações) é que o processo de ensino pode revestir-se de real sentido pedagógico e significação social.

É mediante a pesquisa que o professor poderá formar sua própria interpretação da realidade histórica, dialogar e interagir com outros posicionamentos (além da possibilidade de criticá-los) e, dessa forma, atuar como agente de esclarecimento, formação e construção do senso crítico e participativo de seus alunos. Mais ainda, somente o professor--pesquisador, forjado na prática habitual de pesquisa e submetido a processos de formação continuada (que visam ao seu aperfeiçoamento), será capaz de formar e orientar os estudantes nas atividades de pesquisa e investigação da realidade.

O conteúdo deste livro pretende ser uma contribuição a essa causa. Se ele tiver, em algum grau, contribuído para formar, atualizar ou inspirar as atividades de pesquisa dos professores, tal contribuição poderá ser considerada efetiva. No entanto, sabemos que a universalização da figura do professor-pesquisador não depende apenas do esforço pessoal dos docentes. O Poder Público não pode fugir das suas responsabilidades no processo de melhoria das condições de ensino, entre as quais está a viabilização da prática de pesquisa para todos professores.

Neste livro, as transformações em curso em nossa política educacional foram, o tempo todo, tratadas com otimismo. Acredito firmemente que, muito em breve, não haverá mais professores dissociados da área da pesquisa. Espero que este texto possa ser visto como uma contribuição útil ao desfecho dessas transformações.

Referências

ABUD, K. M. A construção de uma didática da História: algumas ideias sobre a utilização de filmes no ensino. **Revista História**, São Paulo, v. 22, n. 1, 2003.

_____. Combates pelo ensino de História. In: ARIAS NETO, J. M. (Org.). **Dez anos de pesquisas em ensino de história**. Londrina. Atrito Art, 2005.

ACADEMIA VIRTUAL DE HISTÓRIA. Disponível em: <http://arturricardo-historiador.blogspot.com/>. Acesso em: 15 jul. 2011.

ADORO CINEMA. **O dia seguinte**. Disponível em: <http://www.adorocinema.com/filmes/dia-seguinte/>. Acesso em: 21 jun. 2011.

A LISTA DE SCHINDLER. Direção: Steven Spielberg. Produção: Branko Lustig, Gerald R. Molen e Steven Spielberg. EUA: Paramount Pictures/Universal Pictures, 1993. 195 min.

ALMANAQUE DE HISTÓRIA. Disponível em: <http://almanaque dehistoria.blogspot.com/>. Acesso em: 15 jul. 2011.

ALMEIDA, J. P. DE. Horizonte transversal: a difusão do conhecimento científico sobre o "meio ambiente" nos livros didáticos de história (1992-2002). In: ARIAS NETO, J. M. (Org.). **Dez anos de pesquisas em ensino de história**. Londrina: Atrito Art, 2005.

ALMEIDA, S. V. DE. **O espaço urbano como tema no ensino de História**. 16 f. Artigo (Programa de Desenvolvimento Educacional – PDE), Maringá, abr. 2008.

ALVES, J. E. D. **O censo e as estimativas da população brasileira**. Ecodebate: cidadania & meio ambiente, 30 nov. 2010. Disponível em: <http://www.ecodebate.com.br/2010/11/30/o-censo-e-as-estimativas-da-populacao-brasileira-artigo-de-jose-eustaquio-diniz-alves/>. Acesso em: 29 jun. 2011.

AMADEUS. Direção: Milos Forman. Produção: Saul Zaentz. EUA: Orion Pictures Corporation, 1984. 158 min.

ANCINE – Agência Nacional do Cinema. Disponível em: <http://www.ancine.gov.br/>. Acesso em: 5 abr. 2011.

ANDRÉ, M. Pesquisa, formação e prática docente. In: _____. (Org.). **O papel da pesquisa na formação e na prática dos professores.** 2. ed. Campinas: Papirus, 2001.

AQUI AGORA. São Paulo: SBT, 1991-1997. Programa de televisão.

ARCOLEZE, W. L. **Imigrantes poloneses no estado do Paraná.** Curitiba: Seed/PR, 2009.

ARCOLEZE, W. L.; OLIVEIRA, D. DE. **Os poloneses em terras paranaenses.** Curitiba, 2008. Disponível em: <http://www.diaadiaeducacao.pr.gov.br/portals/pde/arquivos/2041-8.pdf?PHPSESSID=2010062209360178>. Acesso em: 15 jul. 2011.

ARIAS NETO, J. M. (Org.). **Dez anos de pesquisas em ensino de história.** Londrina: Atrito Art, 2005.

ASSIS, A. A. F. DE. A história excluída: o uso dos cronistas e fontes inquisitoriais para um novo olhar sobre a história colonial. In: ARIAS NETO, J. M. (Org.). **Dez anos de pesquisas em ensino de história.** Londrina: Atrito Art, 2005.

ATELIÊ DE HISTÓRIA. Disponível em: <http://ateliedehistoria.blogspot.com/>. Acesso em: 15 jul. 2011.

AULA DE HISTÓRIA. Disponível em: <http://aula-de-historia.blogspot.com/>. Acesso em: 15 jul. 2011.

BACKES, L. H. **Professor pesquisador.** Disponível em: <http://mat.utrgs.br/~vclotilde/disciplinas/pesquisa/texto_Backes.pdf>. Acesso em: 15 jul. 2011.

Banco de teses sobre cinema brasileiro. Disponível em: <http://mnemocine.com.br/bancodeteses/index.htm>. Acesso em: 15 jul. 2011.

Barca, I. Educação histórica: uma nova área de investigação. In: Arias Neto, J. M. (Org.). **Dez anos de pesquisas em ensino de história**. Londrina: Atrito Art, 2005.

Barros, J. **O projeto de pesquisa em História**. Petrópolis: Vozes, 2005.

Batista, L. C. **Guerra do Paraguai**: peculiaridades do recrutamento. 2010. 52 f. Monografia (Graduação em História) – Universidade Federal do Paraná, Curitiba, 2010.

Battistin, V. **O Brasil na virada dos séculos XIX para o XX na historiografia e na literatura**. Curitiba: Seed/PR, 2009.

Bauman, Z. **Tempos líquidos**. Rio de Janeiro: J. Zahar, 2006.

_____. **Vida para consumo**. Rio de Janeiro: J. Zahar, 2008.

Benjamin, W. **A obra de arte na era de sua reprodutibilidade técnica**. Disponível em: <http://www.dorl.pcp.pt/images/SocialismoCientifico/texto_wbenjamim.pdf>. Acesso em: 15 jul. 2011.

Bernardo, S. B. R. **O ensino de história nos primeiros anos do ensino fundamental**: o uso de fontes. 2009. Dissertação (Mestrado em História Social) – Universidade Estadual de Londrina, Londrina, 2009.

BERUTTI, F. C. Mercosul: livros didáticos e documentação oficial – um paralelo necessário. In: ARIAS NETO, J. M. (Org.). **Dez anos de pesquisas em ensino de história**. Londrina: Atrito Art, 2005.

BIONDI, A. **O Brasil privatizado**: um balanço do desmonte do estado. São Paulo: Fundação Perseu Abramo, 1999.

_____. **O Brasil privatizado II**: o assalto das privatizações continua. São Paulo: Fundação Perseu Abramo, 2000.

BITTENCOURT, C. **Ensino de história**: fundamentos e métodos. São Paulo: Cortez, 2004.

BITTENCOURT, C. (Org.). **O saber histórico na sala de aula**. São Paulo: Contexto, 2002.

BLOCH, M. **Apologia da História ou o ofício de historiador**. Rio de Janeiro: J. Zahar, 2001.

BLOG DO PROFESSOR ALEXANDRE. Disponível em: <http://alexandrehistoria.blogspot.com/>. Acesso em: 15 jul. 2011.

BONAVIDES, P.; AMARAL, R. (Org.). **Textos políticos da história do Brasil**. Brasília: Senado Federal, 2002. v. 1, v. 3, v. 6 e v.7.

BONIFÁCIO, S. DE F. Histórias em quadrinhos: limites e possibilidades pedagógicas no ensino de história. In: ARIAS NETO, J. M. (Org.). **Dez anos de pesquisas em ensino de história**. Londrina: Atrito Art, 2005.

BOSI, E. **Memória e sociedade**: lembranças de velhos. São Paulo: Companhia das Letras, 1998.

Bourdé, G.; Martin, H. **As escolas históricas**. Lisboa: Europa-América, 1985.

Brasil. Câmara dos Deputados. Projeto de Lei n. 8.035/2010. Projeto de Lei do Plano Nacional de Educação (PNE- 2011/2020): projeto em tramitação no Congresso Nacional. Brasília, 2011. Disponível em: <http://www.camara.gov.br/proposicoesWeb/fichadetramitacao?idProposicao=490116>. Acesso em: 21 jun. 2011.

_____. Constituição (1988). **Diário Oficial da União**, Brasília, DF, 05 out. 1988.

_____. Lei n. 1.390, de 3 de julho de 1951. **Diário Oficial da União**, Poder Legislativo, Brasília, DF, 10 jul. 1951.

Brasil. Lei n. 7.716, de 5 de janeiro de 1989. **Diário Oficial da União**, Poder Legislativo, Brasília, DF, 6 jan. 1989.

_____. Lei n. 7.743, de 20 de dezembro de 1985. **Diário Oficial da União**, Poder Legislativo, Brasília, DF, 23 dez. 1985.

_____. Lei n. 8.313, de 23 de dezembro de 1991. **Diário Oficial da União**, Poder Legislativo, Brasília, DF, 24 dez. 1991.

_____. Lei n. 8.685, de 20 de julho de 1993. **Diário Oficial da União**, Poder Legislativo, Brasília, DF, 21 jul. 1993.

_____. Lei n. 9.394, de 20 de dezembro de 1996. **Diário Oficial da União**, Poder Legislativo, Brasília, DF, 23 dez. 1996.

_____. Lei n. 10.172, de 9 de janeiro de 2001. **Diário Oficial da União**, Poder Legislativo, Brasília, DF, 10 jan. 2001a.

BRASIL. Lei n. 10.639, de 9 de janeiro de 2003. **Diário Oficial da União**, Poder Legislativo, Brasília, DF, 10 jan. 2003.

BRASIL. Ministério da Educação. **Plano Nacional de Educação**. Brasília: Inep, 2001b.

BRASIL. Ministério da Educação. Secretaria de Educação Básica. **Orientações Curriculares para o Ensino Médio**: Ciências Humanas e suas tecnologias. Brasília, 2006. v. 3.

BRASIL. Ministério da Educação. Secretaria de Educação Fundamental. **Parâmetros Curriculares Nacionais**: História – Ensino de Quinta a Oitava Séries. Brasília, 1998.

BRASIL. Ministério da Educação. Secretaria de Educação Fundamental. **Parâmetros Curriculares Nacionais**: História, Geografia. Brasília, 1997a. v. 5.

BRASIL. Ministério da Educação. Secretaria de Educação Média e Tecnológica. **Parâmetros Curriculares Nacionais**: Ensino Médio. Brasília, 2000.

_____. **PARÂMETROS CURRICULARES NACIONAIS:** Ensino Médio. Parte IV: Ciências Humanas e suas Tecnologias. Brasília, 1997. Disponível em: <http://portal.mec.gov.br/seb/arquivos/pdf/cienciah.pdf>. Acesso em: 21 jun. 2011.

BRASIL ESCOLA. **Canais de história**. Disponível em: <http://www.brasilescola.com/historia/>. Acesso em: 5 abr. 2011.

BURKE, P. (Org.). **A escola dos Annales 1929-1989**: a Revolução Francesa da historiografia. São Paulo: Ed. da Unesp, 1991.

BURKE, P. (Org.). **A escrita da História**: novas perspectivas. São Paulo: Ed. da Unesp, 1992.

CAFÉ HISTÓRIA. Disponível em: <http://cafehistoria.ning.com/?xg_source=badge>. Acesso em: 5 abr. 2011.

CAMARGO, A.; GÓES, W. DE. **Meio século de combate**: diálogo com Cordeiro de Farias. Rio de Janeiro: Nova Fronteira, 1981.

CAMPOS JÚNIOR, C. DE. **Adoniran**: uma biografia. São Paulo: Globo, 2009.

CAPELATO, M. H. R. **Imprensa e história do Brasil**. São Paulo: Contexto; Edusp, 1994.

CARDOSO, C. F. **Uma introdução à história**. São Paulo: Brasiliense, 1981.

CARDOSO, C. F.; BRIGNOLI, H. P. **Os métodos da História**. Rio de Janeiro: Edições Graal, 1983.

CARDOSO, C. F.; VAINFAS, R. (Org.). **Domínios da história**. Rio de Janeiro: Campus, 1997.

CARDOSO, F. H. Notas sobre a reforma do Estado. **Novos Estudos**, São Paulo, n. 50, p. 5-11, mar. 1998.

CARVALHO, D. Custo da internet no Brasil. **O Estado de São Paulo**, 06 out. 2008. Disponível em: < http://a-informacao.blogspot.com/2008/10/custo-da-internet-no-brasil.html>. Acesso em: 22 jun. 2011.

CASABLANCA. Direção: Michael Curtiz. Produção: Hal B. Wallis. EUA: Warner Bros./MGM, 1942. 103 min.

Castells, M. **A sociedade em rede**. São Paulo: Paz e Terra, 2006. (Série A era da informação: economia, sociedade e cultura, v. 1).

Chapman, J.; Glancy, M.; Harper, S. **The New Film History**: Sources, Methods, Approaches. Houndmills: Palgrave MacMillan, 2007.

Cinema Brasil. Disponível em: <http://www.cinemabrasil.org.br/>. Acesso em: 15 jul. 2011.

Cinema & DVD – notícias, fotos, trailers e celebridades. Disponível em: <http://cinema.terra.com.br/>. Acesso em: 15 jul. 2011.

Cinética. Disponível em: <http://www.revistacinetica.com.br/>. Acesso em: 15 jul. 2011.

Coelho, A. R. Escolarização: uma perspectiva de análise dos livros didáticos de história. In: Arias Neto, J. M. (Org.). **Dez anos de pesquisas em ensino de história**. Londrina: Atrito Art, 2005.

Construindo o saber. Disponível em: <http://blogconstruindo osaber.blogspot.com/>. Acesso em: 15 jul. 2011.

Contracampo. Disponível em: <http://www.contracampo.com.br/>. Acesso em: 5 abr. 2011.

Coração Valente. Direção: Mel Gibson. Produção: Alan Ladd Jr., Bruce Davey e Mel Gibson. EUA: 20th Century Fox Film Corporation/Paramount Pictures, 1995. 177 min.

Costa, E. V. da. **Da monarquia à república**. São Paulo: Grijalbo, 1977.

COSTA, J. F. DA. Currículos de história e história de vida: entre o vivido e o prescrito. ARIAS NETO, J. M. (Org.). **Dez anos de pesquisas em ensino de história**. Londrina: Atrito Art, 2005.

CPDOC – CENTRO DE PESQUISA E DOCUMENTAÇÃO DE HISTÓRIA CONTEMPORÂNEA DO BRASIL. Fundação Getulio Vargas. Escola de Ciências Sociais e História. Disponível em: <http://www.cpdoc.fgv.br/>. Acesso em: 15 jul. 2011.

DEBORD, G. **A sociedade do espetáculo**. Rio de Janeiro: Contraponto, 1997.

DEMO, P. **Educar pela pesquisa**. Campinas: Autores Associados, 1996.

_____. **Pesquisa e construção do conhecimento**. Rio de Janeiro: Templo Brasileiro, 1994.

_____. **Pesquisa**: princípio científico e educativo. 9. ed. São Paulo: Cortez, 2002.

DIAS GOMES, A.; SILVA, A. **Roque Santeiro**. Direção: Gonzaga Blota, Paulo Ubiratan, Marcos Paulo, Jayme Monjardim. Brasil: Rede Glogo, 1985-1986. Telenovela.

DOCUMENTOS HISTÓRICOS NA SALA DE AULA. Disponível em: <http://documentoshistoricosnasaladeaula.blogspot.com/>. Acesso em: 5 abr. 2011.

DORATIOTO, F. **Maldita guerra**: nova história da Guerra do Paraguai. São Paulo: Companhia das Letras, 2002.

DOSSE, F. **A história em migalhas**. Campinas: Ed. da Unicamp, 1994.

DUARTE, G. R. O ensino de história e as novas tecnologias. In: ARIAS NETO, J. M. (Org.). **Dez anos de pesquisas em ensino de história.** Londrina: Atrito Art, 2005.

FAZENDA, I. C. A. A formação do professor-pesquisador: 30 anos de pesquisa. **E-curriculum**, São Paulo, v. 1, n. 1, 2005. Disponível em: <http://revistas.pucsp.br/index.php/curriculum/article/view/3111>. Acesso em: 15 jul. 2011.

FEBVRE, L. **Combates pela história**. Lisboa: Editorial Presença, 1985.

FERREIRA, E. R.; GOMES, E. C. R. História em tela: a utilização de filmes e desenhos animados no ensino de história. In: ARIAS NETO, J. M. (Org.). **Dez anos de pesquisas em ensino de história.** Londrina: Atrito Art, 2005.

FERRO, M. **A manipulação da história no ensino e nos meios de comunicação**. São Paulo: Ibrasa, 1983

_____. **Cinema e história**. São Paulo: Paz e Terra, 1992.

_____. O filme: uma contra-análise da sociedade? In: LE GOFF, J.; NORA, P. (Org.). **História**: novos objetos. Rio de Janeiro: F. Alves, 1976.

FICO, C. Versões e controvérsias sobre 1964 e a Ditadura Militar. **Revista Brasileira de História**, São Paulo, v. 24, n. 47, p. 29-60, 2004

FORREST GUMP. Direção: Robert Zemeckis. Produção: Steve Starkey, Steve Tisch e Wendy Finerman. EUA: Paramount Pictures, 1994. 141 min.

FREIRE, A.; MOTTA, M. Da pesquisa à sala de aula: questões acerca da elaboração de um livro de História do Brasil para o ensino médio. In: ARIAS NETO, J. M. (Org.). **Dez anos de pesquisas em ensino de história**. Londrina: Atrito Art, 2005.

FREIRE, P. **Pedagogia do oprimido**. 13. ed. São Paulo: Paz e Terra, 1983.

FURLAN, F.; NASCIMENTO, F. R. DO. **A pesquisa e o professor**: desafio atual da educação. Disponível em: <http://www.unifra.br/eventos/jornadaeducacao2006/2006/pdf/artigos/pedagogia/A%20PESQUISA%20E%20O%20PROFESSOR.pdf>. Acesso em: 15 jul. 2011.

G1. **'Tropa de elite 2' atinge marca dos 10 milhões de espectadores**. Pop & Arte, 23 nov. 2010. Disponível em: <http://g1.globo.com/pop-arte/noticia/2010/11/tropa-de-elite-2-atinge-marca-dos-10-milhoes-de-espectadores.html>. Acesso em: 30 jun. 2011.

GANDY, D. R. **Marx e a história**. Rio de Janeiro: Zahar, 1985.

GARBOZZA, G. D. **Os descendentes dos colonizadores do Paraná**. Curitiba: Seed/PR, 2008. Disponível em: <http://www.diaadiaeducacao.pr.gov.br/portals/pde/arquivos/1407-8.pdf?PHPSESSID=2010062209360178>. Acesso em: 15 jul. 2011.

GARCIA, S. DO N. Para rir, para pensar: a utilização da linguagem visual do humor como recurso didático-pedagógico no ensino de história. In: ARIAS NETO, J. M. (Org.). **Dez anos de pesquisas em ensino de história**. Londrina: Atrito Art, 2005.

GASPARETO, A. A. N. **Urbanização, êxodo rural e migrações**. Curitiba: Seed/PR, 2007a.

_____. **Urbanização no Paraná a partir da década de 70**. Curitiba: Seed/PR, 2007b. Disponível em: <http://www.diaadiaeducacao.pr.gov.br/portals/pde/arquivos/148-2.pdf>. Acesso em: 15 jul. 2011.

GHANDI. Direção: Richard Attenborough. Produção: Richard Attenborough. Índia/Inglaterra: Columbia Pictures, 1982. 188 min.

GHEDIN, E. Professor reflexivo: da alienação da técnica à autonomia crítica. In: PIMENTA, S. G.; GHEDIN, E. (Org.). **Professor reflexivo no Brasil**: gênese e crítica de um conceito. São Paulo: Cortez, 2002.

GLADIADOR. Direção: Ridley Scott. Produção: David H. Franzoni, Douglas Wick e Steven Spielberg. EUA: Dreamworks/Universal Pictures, 2000. 155 min.

GOMBRICH, E. H. **Arte e ilusão**: um estudo da psicologia da representação pictórica. São Paulo: M. Fontes, 2007.

GONSALVES, S. L. Representações da Independência do Brasil. In: ARIAS NETO, J. M. (Org.). **Dez anos de pesquisas em ensino de história**. Londrina: Atrito Art, 2005.

GOUVEIA, L. M. B. **Sociedade da informação**: notas de contribuição para uma definição operacional. 2004. Artigo – Universidade Fernando Pessoa, Portugal. Disponível em: <http://www2.ufp.pt/~lmbg/reserva/lbg_socinformacao04.pdf> Acesso em: 22 jun. 2011.

GUNNING, T. Cinema e história. In: XAVIER, I. (Org.). **O cinema no século**. Rio de Janeiro: Imago, 1996.

GUYNN, W. **Writing history in film**. New York: Routledge, 2006.

HARVEY, D. **A condição pós-moderna**. São Paulo: Loyola, 1995.

HAZIOT, D. **Van Gogh**. Porto Alegre: L&PM, 2010.

HICKENBICK, C. **Lembrança, interesse e história substantiva**: significados do ensino e aprendizagem da história para os sujeitos da educação de jovens e adultos. Dissertação (Mestrado em Educação) – Universidade Federal do Paraná, Curitiba, 2009.

HOBSBAWM, E. **A era dos extremos**. São Paulo: Companhia das Letras, 1995.

HOFFMANN, S. V. **O processo da pesquisa histórica como proposta metodológica para o ensino de história no ensino médio**. 2009. Disponível em: <http://www.diaadiaeducacao.pr.gov.br/portals/pde/arquivos/2222-8.pdf>. Acesso em: 15 jul. 2011.

HORKHEIMER, M.; ADORNO, T. A indústria cultural: o esclarecimento como mistificação das massas. In: _____. **A dialética do esclarecimento**. Rio de Janeiro: Zahar, 1985.

HUNT, L. (Org.). **A nova história cultural**. São Paulo: M. Fontes, 1992.

IBGE – Instituto Brasileiro de Geografia e Estatística. **Brasil já tem mais de 180 milhões de habitantes**. Comunicação Social, 30 ago. 2011a. Disponível em: <http://www.ibge.gov.br/home/presidencia/noticias/noticia_visualiza.php?id_noticia=207>. Acesso em: 29 jun. 2011.

IBGE – Instituto Brasileiro de Geografia e Estatística. **Censo 2010**: população do Brasil é de 190.732.694. Comunicação Social, 29 nov. 2010. Disponível em: <http://www.ibge.gov.br/home/presidencia/noticias/noticia_visualiza.php?id_noticia=1766&id_pagina=1>. Acesso em: 29 jun. 2011.

_____. **Fecundidade, natalidade e mortalidade**. IGBE Teen!Disponível em: <http://www.ibge.gov.br/ibgeteen/pesquisas/fecundidade.html#anc1>. Acesso em: 29 jun. 2011b.

_____. **IBGE detecta mudanças na família brasileira**. Comunicação Social, 20 dez. 2006. Disponível em: <http://www.ibge.gov.br/home/presidencia/noticias/noticia_visualiza.php?id_noticia=774>. Acesso em: 29 jun. 2011.

ILUSTRADA NO CINEMA. **Folha Online**. Disponível em: <http://ilustradanocinema.folha.blog.uol.com.br/>. Acesso em: 15 jul. 2011.

INTERFILMES. O dia seguinte. Disponível em: <http://interfilmes.com/filme_18115_O.Dia.Seguinte-(The.Day.After).html>. Acesso em: 21 jun. 2011.

JHISTBLOG. Disponível em: <http://jovensnahistoria.blogspot.com/>. Acesso em: 15 jul. 2011.

KENNEDY, P. **Ascensão e queda das grandes potências**: transformação econômica e conflito militar de 1500 a 2000. Rio de Janeiro: Campus, 2001

_____. **Preparando para o século XXI**. Rio de Janeiro: Campus, 1993.

KLAINUBING, R. C. **Democracia de araque**. Curitiba: Seed/PR, 2007.
Disponível em: <http://www.diaadiaeducacao.pr.gov.br/
portals/pde/arquivos/153-4.pdf?PHPSESSID=2009050610242651>.
Acesso em: 15 jul. 2011.

KLAINUBING, R. C. **Política e sociedade no Brasil contemporâneo**.
Curitiba: Seed/PR, 2007b.

LAMARE, F. DE. Didática: saberes em interação na formação do
professor-pesquisador. In: AGENDA ACADÊMICA E SEMANA DE MONITORIA, 8., 2005. Niterói: Universidade Federal Fluminense, 2005.

LAROCCA, L. A. **Concepção histórica do aluno do ensino médio**.
Curitiba: Seed/PR, 2009.

LE GOFF, J. Documento/monumento. In: _____. **História e memória**.
2. ed. Campinas: Ed. da Unicamp, 1992.

LOBÃO, C. J. T. **Lobão**: cinquenta anos a mil. Rio de Janeiro: Nova
Fronteira, 2010.

LOPEZ, L. R. **História do Brasil Imperial**. Porto Alegre: Mercado
Aberto, 1988.

LOYOLA, M. A. Sexualidade e medicina: a revolução do século XX.
Cadernos de Saúde Pública, Rio de Janeiro, v. 19, n. 4, jul./ago.
2003.

MACHADO, J. L. DE A. Revigorando a educação: Nova Escola on-line.
Planeta Educação. Disponível em: <http://www.planetaeducacao.
com.br/portal/artigo.asp?artigo=138>. Acesso em: 30 jun. 2011.

MAKING OFF – o verdadeiro cinema está aqui. Disponível em: <http://www.makingoff.org>. Acesso em: 15 jul. 2011.

MALERBA, J. As independências do Brasil: ponderações teóricas em perspectiva historiográfica. **Revista História**, São Paulo, v. 24, n. 1, p. 99-126, 2005.

MENEZES, P. Representificação: as relações (im)possíveis entre cinema documental e conhecimento. **Revista Brasileira de Ciências Sociais**, São Paulo, v. 18, n. 51, p. 87-98, fev. 2003.

MOIMAZ, E. R. **O uso da imagem no ensino médio**: uma avaliação sobre essa contribuição para a aprendizagem dos conteúdos em história. Dissertação (Mestrado em História Social) – Universidade Estadual de Londrina, Londrina, 2009.

MOLINA, A. H. A representação do "bom professor" em imagens fílmicas e pictóricas. In: ARIAS NETO, J. M. (Org.). **Dez anos de pesquisas em ensino de história**. Londrina: Atrito Art, 2005.

MORAIS, F. **Montenegro**. São Paulo: Planeta, 2006.

_____. **O mago**. São Paulo: Planeta, 2008.

MOREIRA, M. A. O professor-pesquisador como instrumento de melhoria do ensino de ciências. **Em Aberto**, Inep, Brasília, ano 7, n. 40, p. 43-54, out./dez. 1988. Disponível em: <http://emaberto.inep.gov.br/index.php/emaberto/article/viewFile/671/598>. Acesso em: 15. jul. 2011.

MOTA, C. G. **Ideologia da cultura brasileira (1933-1974)**. São Paulo: Ática, 1980.

MOTTA, D. **Mídia e educação**: a revista Nova Escola e sua contribuição para divulgação de ações educativas: análise de conteúdo da seção– retrato. Artigonal, 5 nov. 2010. Disponível em: <http://www.artigonal.com/ensino-superior-artigos/midia-e-educacao-a-revista-nova-escola-e-sua-contribuicao-para-divulgacao-de-acoes-educativas-analise-de-conteudo-da-secao-retrato-3615846.html>. Acesso em: 30 jun. 2011.

MOURA, C. **Dicionário da escravidão negra no Brasil**. São Paulo: Edusp, 2005.

MUNAKATA, K. Histórias que os livros didáticos contam, depois que acabou a ditadura no Brasil. In: FREITAS, M. C. DE (Org.). **Historiografia brasileira em perspectiva**. São Paulo: Contexto, 2005.

NAPOLITANO, M. **Como usar o cinema na sala de aula**. São Paulo: Contexto, 2006.

NAPOLITANO, M.; WASSERMAN, M. C. Desde que o samba é samba: a questão das origens no debate historiográfico sobre a música popular brasileira. **Revista Brasileira de História**, v. 20, n. 39, p. 167-189, 2000.

NEVES, J. A graduação em história: etapa do ensino de história voltada para a formação do professor-pesquisador. In: ARIAS NETO, J. M. (Org.). **Dez anos de pesquisas em ensino de história**. Londrina: Atrito Art, 2005.

NGET – CINEMA. Disponível em: <http://br.nget.com/Arte_Cultura/Cinema/index.html>. Acesso em: 15 jul. 2011.

Nora, P. Entre memória e história: a problemática dos lugares. **Projeto História**: revista do Programa de Estudos Pós-Graduados em História e do Departamento de História da PUC/SP, São Paulo, v. 10, p. 1-178, dez. 1993.

Nova escola. Disponível em: <http://revistaescola.abril.com.br>. Acesso em: 22 jun. 2011.

O Globo. **Salto populacional**: Brasil chega a 190 milhões de habitantes, calcula IBGE. Pais, 6 out. 2008. Disponível em: <http://oglobo.globo.com/pais/mat/2008/10/06/brasil_chega_190_milhoes_de_habitantes_calcula_ibge-548578766.asp>. Acesso em: 29 jun. 2011.

O Globo Online. **IBGE**: expectativa do brasileiro ao nascer sobe para 72,3 anos. Pais, 3 dez. 2007. Disponível em: <http://oglobo.globo.com/pais/mat/2007/12/03/327418140.asp>. Acesso em: 29 jun. 2011.

Oliveira, D. de. **O cinema como fonte para a História**. Disponível em: <http://www.poshistoria.ufpr.br/fonteshist/Dennison.pdf>. Acesso em: 15 jul. 2011.

_____. (Org.). **O túnel do tempo**: um estudo de história & audiovisual. Curitiba: Juruá, 2010.

_____. **Urbanização e industrialização no Paraná**. Curitiba: Seed/PR, 2002.

Oliveira, I. B. de. Ensinando pela roupa: moda, gênero e ensino de história. In: Arias Neto, J. M. (Org.). **Dez anos de pesquisas em ensino de história**. Londrina: Atrito Art, 2005.

O paciente inglês. Direção: Anthony Minghella. Produção: Saul Zaentz. Inglaterra: Miramax Films, 1996. 162 min.

Ortiz, R. **A moderna tradição brasileira**. São Paulo: Brasiliense, 1988.

Os imperdoáveis. Direção: Clint Eastwood. Produção: Clint Eastwood. EUA: Warner Bros., 1992. 131 min.

Osse, F. **A história em migalhas**: dos Annales à Nova História. São Paulo: Ed. da USC, 2003.

O último imperador. Direção: Bernardo Bertolucci. Produção: Jeremy Thomas. EUA: Columbia Pictures/Artisan Entertainment, 1987. 165 min.

Palhares, G. **Frei Orlando**: o capelão que não voltou. Rio de Janeiro: Bibliex, 1982.

Paraná. **Professores do PDE participam de seminário no NRE de Assis**. Portal Educacional do Estado do Paraná. 14 jul. 2011. Disponível em: <http://www.diaadiaeducacao.pr.gov.br/diaa dia/diadia/modules/noticias/article.php?storyid=2252>. Acesso em: 15 jul. 2011.

Paraná. Secretaria de Estado de Educação. Superintendência da Educação. **Diretrizes curriculares de História para a educação básica**. Curitiba, 2006.

Paula, F. T. de. **O cinema de autor**: o papel do crítico na concepção dos diferentes olhares. Disponível em: <http://websmed. portoalegre.rs.gov.br/escolas/revistavirtualagora/materiais/O_ Cinema_de_Autor_Fernando.pdf>. Acesso em: 22 jun. 2011.

PEREIRA, L. C. B. **Economia brasileira**: uma introdução crítica. São Paulo: Ed. 34, 1997.

PEREIRA, M. L. **Filmes que marcaram a história** – Nouvelle vague: o opúsculo de uma era que já foi. Crítica. Disponível em: <http://www.pontocinema.org/acervo/index.php?num=753&country=Sui%E7a> Acesso em: 22 jun. 2011.

PEREIRA, N. M.; SEFFNER, F. O que pode o ensino de História? Sobre o uso de fontes na sala de aula. **Anos 90**, Porto Alegre, v. 15, n. 28, p. 113-128, dez. 2008.

PICA, T. A relação professor-pesquisador: múltiplas perspectivas e possibilidades. **Linguagem & Ensino**, Pelotas, v. 3, n. 1, p. 55-88, 2000.

PIMENTA, S. G.; GHEDIN, E. (Org.). **Professor reflexivo no Brasil**: gênese e crítica de um conceito. São Paulo: Cortez, 2005.

PINSKY, C. B. (Org.). **Fontes históricas**. São Paulo: Contexto, 2006.

PRADO, E. M. Livros didáticos e de pesquisa utilizados na disciplina de História nas séries do ensino médio das escolas estaduais paulistas (1972-1979). In: ARIAS NETO, J. M. (Org.). **Dez anos de pesquisas em ensino de história**. Londrina: Atrito Art, 2005.

QUEIROZ, M. I. P. DE. **Variações sobre a técnica de gravador no registro da informação viva**. São Paulo: Ceru, 1983.

QUEIRÓZ, S. R. R. DE. Escravidão negra em debate. In: FREITAS, M. C. (Org.). **Historiografia brasileira em perspectiva**. São Paulo: Contexto, 2005.

Rede histórica: rede social de história. Disponível em: <http://historica.me/>. Acesso em: 22 jun. 2011.

Revolução de 1924. Exposição virtual. Disponível em: <http://www.arquivoestado.sp.gov.br/exposicao_revolucao/index.php>. Acesso em: 15 jul. 2011.

Ribeiro, G. de F. P. **A importância do professor-pesquisador**. Trabalho de Conclusão de Curso (Especialização em Docência na Educação Superior) – Universidade Federal do Triângulo Mineiro, Uberaba. Disponível em: < http://www.uftm.edu.br/upload/ensino/AVIposgraduacao100224134853.pdf>. Acesso em: 15 jul. 2011.

Rigoni, E. **Urbanização e industrialização no Paraná na Ditadura Militar (1964-85)**. Curitiba: Seed/PR, 2007.

Rigotto, M. H. C. **O museu paranaense como espaço de ensino--aprendizagem de história**. Curitiba: Seed/PR, 2008.

Rodrigues, A. da R. **Honra e sexualidade infanto-juvenil na cidade de Salvador**, 1940-1970. Tese (Doutorado em História) – Faculdade de Filosofia e Ciências Humanas, Universidade Federal da Bahia, 2007.

Rodrigues, I. C. A temática indígena nos livros didáticos de História do Brasil para o ensino fundamental. In: Arias Neto, J. M. (Org.). **Dez anos de pesquisas em ensino de história**. Londrina: Atrito Art, 2005.

Rodrigues, I. C.; Cruz, O. P. Da; Conchon, J. M. História oral e memória de bairros: um trabalho no Jardim Alvorada. In: Arias Neto, J. M. (Org.). **Dez anos de pesquisas em ensino de história**. Londrina: Atrito Art, 2005.

Rodrigues, I. C.; Marinoci, M. C. A pré-história do Brasil nos livros de história para a 5ª a 8ª séries do ensino fundamental. In: Arias Neto, J. M. (Org.). **Dez anos de pesquisas em ensino de história**. Londrina: Atrito Art, 2005.

Rodrigues Junior, O. **Os manuais de didática da História e a constituição de uma epistemologia da didática da História**. 154 f. Dissertação (Mestrado em Educação) – Universidade Federal do Paraná, Curitiba, 2010.

Rosenstone, R. A. **History on Film/Film on history**. Harlow: California Institute of Technology, 2006.

_____. **Visions of the Past**: The Challenge of Film to Our Idea of History. Harvard: University Press, 1995.

Rusen, J.; Oliveira, D.; Silva, F. C. T. Explicar o Holocausto: de que jeito? O livro de Daniel Goldhagen criticado à luz da teoria da história. **História**: Questões e Debates, Curitiba, v. 26, p. 116-153, 1997.

São Paulo (Estado). **Ação educativa**: o professor e o arquivo. Arquivo público do Estado de São Paulo. Centro de Difusão e apoio à pesquisa. Disponível em: <http://www.arquivoestado.sp.gov.br/difusao/acao_professor.php>. Acesso em: 15 jul. 2011.

Schmidt, M. A. A formação do professor de história e o cotidiano da sala de aula. In: Bittencourt, C. (Org.). **O saber histórico na sala de aula**. São Paulo: Contexto, 2002.

_____. Itinerários de pesquisa em ensino de história. In: Arias Neto, J. M. (Org.). **Dez anos de pesquisas em ensino de história**. Londrina: Atrito Art, 2005.

SCHMIDT, M. A.; BARCA, I.; MARTINS, E. DE R. **Jörn Rusen e o ensino de história**. Curitiba: Ed. da UFPR, 2010.

SCHMIDT, M. A.; CAINELLI, M. **Ensinar história**. São Paulo: Scipione, 2004.

SCHWARTZMAN, S. Entrevista sobre o ensino médio. **Ensino Superior Unicamp**, Campinas, ano 1, n. 2, 2010.

SCIELO – Scientific Electronic Library Online. Disponível em: <http://www.scielo.br/>. Acesso em: 15 jul. 2011.

SILVA, A. C. DE M. As relações entre o ensino de história, o cinema e o poder na Era Vargas (1930-45). In: ARIAS NETO, J. M. (Org.). **Dez anos de pesquisas em ensino de história**. Londrina: Atrito Art, 2005a.

SILVA, F. C. T. Guerras e cinema: um encontro no tempo presente. **Tempo**, Rio de Janeiro, n. 16, p. 93-114, 2004.

SILVA, J. O alto preço da internet rápida no Brasil. **Caixa do Junior**, 15 jun. 2009. Disponível em: <http://www.caixadojunior.com/2009/05/o-alto-preco-da-internet-rapida-no.html>. Acesso em: 22 jun. 2011.

SILVA, J. P. DA. **O museu de Paranaguá**: história e memória. Curitiba: Seed/PR, 2007.

SILVA, M. DA P. DA. A "presença" dos indígenas nos subsídios didáticos: leitura crítica sobre as abordagens das imagens e textos impressos. In: SEMINÁRIO NACIONAL DE ESTUDOS DE HISTÓRIA E CULTURAS AFRO-BRASILEIRAS E INDÍGENAS, 3., 2010, **Anais**... Campina Grande: Realize, 2010.

SILVA, M. H. D. DA. **Política de formação de professores no Brasil:** as ciladas da reestruturação das licenciaturas. Florianópolis: Perspectiva, 2005b. v. 23, n. 2, p. 381-406.

SILVA NETO, A. L. DA. **Dicionário de filmes brasileiros**. São Paulo: Futuro Mundo, 2002.

SILVA, T. **Para professores**. Sobresites. Disponível em: <http://www.sobresites.com/pesquisa/professores.htm>. Acesso em: 22 jun. 2011.

SILVA, V. R. E. Os livros didáticos de história para o ensino médio: concepções de história e concepção de aprendizagem em uma abordagem comparativa – livros brasileiros, argentinos e mexicanos. In: ARIAS NETO, J. M. (Org.). **Dez anos de pesquisas em ensino de história**. Londrina: Atrito Art, 2005c.

SKIDMORE, T. **Brasil**: de Castelo a Tancredo. São Paulo: Paz e Terra, 1988.

SOUZA, C. V.; BOTELHO, T. Modelos nacionais e regionais de família no pensamento social brasileiro. **Revista Estudos Feministas**, Florianópolis, v. 9, n. 2, 2001.

SOUZA, L. DE M. E. Aspectos da historiografia da cultura sobre o Brasil colonial. In: FREITAS, M. C. (Org.). **Historiografia brasileira em perspectiva**. São Paulo: Contexto, 2005.

SPITZ, C. **Cresce número de lares brasileiros chefiados por mulheres**. Fórum de Entidades Nacionais de Direitos Humanos, 29 set. 2007. Disponível em: <http://www.direitos.org.br/index.php?option=com_content&task=view&id=3919&Itemid=2>. Acesso em: 29 jun. 2011.

STEPAN, A. (Org.). **Democratizando o Brasil**. São Paulo: Paz e Terra, 1988.

_____. **Os militares na política**: as mudanças de padrões na vida brasileira. Rio de Janeiro: Arte Nova, 1975.

TITANIC. Direção: James Cameron. Produção: James Cameron e John Landau. EUA: Paramount Pictures/20th Century Fox Film Corporation, 1997. 194 min.

THE INTERNET MOVIE DATABASE. **The day after**. Disponível em: <http://www.imdb.com/title/tt0085404/>. Acesso em: 21 jul. 2011.

TOPLIN, B. **History by Hollywood**: the Use and Abuse of American Past. Urbana: University of Illinois Press, 1996.

_____. The historian and film: challenges ahead. American Historical Association, Film and Media Column, Apr. 1996, **Perspectives**. Disponível em: <http://www.historians.org/Perspectives/issues/1996/9604/9604FIL.CFM>. Acesso em: 6 abr. 2011.

TROPA DE ELITE. Direção: José Padilha. Produção: José Padilha e Marcos Prado. Brasil: Universal Pictures do Brasil/The Weinstein Company, 2007. 118 min.

TROPA DE ELITE 2. Direção: José Padilha. Produção: Marcos Prado. Brasil: Zazen Produções, 2010. 116 min.

VALENDOLF, M. **Fotos de família**: história e memória. Disponível em: <http://www.diaadiaeducacao.pr.gov.br/portals/pde/arquivos/2449-8.pdf>. Acesso em: 15 jul. 2011.

Vasconcelos, J. A. **Metodologia do ensino de história**. Curitiba: Ibpex, 2007.

Vidal, D. G.; Faria Filho, L. M. de. História da educação no Brasil: a constituição histórica do campo (1880-1970). **Revista Brasileira de História da Educação**, Campinas, v. 23, n. 45, p. 37-70, jul. 2003.

Xavier, I. **Cinema brasileiro moderno.** São Paulo: Paz e Terra, 2001.

Zamboni, E. Encontros nacionais de pesquisadores de história: perspectivas. In: Arias Neto, J. M. (Org.). **Dez anos de pesquisas em ensino de história**. Londrina: Atrito Art, 2005.

Zanon, M. A. **Tecnologia e história**: o caso da indústria ervateira no Paraná. Curitiba: Seed/PR, 2007.

Zeichner, K. M. Para além da divisão entre professor-pesquisador e pesquisador acadêmico. In: Geraldi, C. M.; Fiorentini, D.; Pereira, E. M. (Org.). **Cartografia do trabalho docente**: professor(a)-pesquisador(a). Campinas: Mercado de Letras; ABL, 1998.

Bibliografia comentada

ANDRÉ, M. (Org.). **O papel da pesquisa na formação e na prática dos professores**. 2. ed. Campinas: Papirus, 2001.

> *Esse livro apresenta resultados de um seminário realizado na Universidade Federal de Goiás (UFGO) em 2000 e contém 7 textos que versam sobre distintos aspectos da formação e exercício profissional do professor-pesquisador. Diversos temas foram abordados: a problemática relação dos professores universitários com aqueles da educação básica (bem como desses professores com a pesquisa), a forma pela qual a pesquisa é concebida e o impacto que ela produz sobre os cursos de formação de professores.*

BITTENCOURT, C. (Org.). **O saber histórico na sala de aula.** São Paulo: Contexto, 2002.

Trata-se de uma coletânea de artigos, em boa parte oriundos do 2º Seminário Perspectivas do Ensino de História da Faculdade de Educação da Universidade de São Paulo (USP), realizado em 1996. O livro abrange temas como o histórico e a análise das diretrizes curriculares, a formação do professor, a prática docente, o livro didático, as fontes e as linguagens para o ensino de História, o uso de visitas aos museus no processo de ensino-aprendizagem e o audiovisual como fonte de ensino.

CARDOSO, C. F.; VAINFAS, R. (Org.). **Domínios da história:** ensaios de teoria e metodologia. Rio de Janeiro: Campus, 1997.

Essa coletânea de artigos versa sobre os vários campos de pesquisa na área de história. São apresentados os mais relevantes conceitos, controvérsias e debates no interior de diferentes vertentes de investigação histórica. O livro abrange a história das economias, das sociedades, das culturas, das ideias, das mentalidades, das agriculturas, das cidades, das empresas, das demografias, dos cotidianos, das sexualidades, das religiões, das imagens etc. Embora alguns tópicos já estejam datados, com o é o caso de "História e informática: o uso do computador", a grande maioria continua a ser um guia útil das transformações historiográficas na era da Pós-Modernidade.

OLIVEIRA, D. DE. (Org.). **O túnel do tempo:** um estudo de história & audiovisual. Curitiba: Juruá, 2010.

Apesar de antiga, essa série continua (por conta de sucessivas reprises e circulação de arquivos pela internet) a intrigar, despertar interesse e angariar novos admiradores por todo o mundo. O livro é uma demonstração de como podem ser interpretadas e discutidas as fontes audiovisuais, mesmo no caso de um produto televisivo destinado ao puro entretenimento, como é o caso dessa famosa e popular série de televisão.

VASCONCELOS, J. A. **Metodologia do ensino de História**. Curitiba: Ibpex, 2007.

Um dos mais úteis e atualizados livros dedicados à metodologia do ensino de História. Além de tecer considerações de cunho teórico--metodológico sobre a disciplina, suas origens e seus desenvolvimentos, o autor propõe diversas atividades a serem desenvolvidas com alunos em sala de aula, incluindo o uso de fontes históricas.

ZEICHNER, K. M. Para além da divisão entre professor-pesquisador e pesquisador acadêmico In: GERALDI, C. M.; FIORENTINI, D.; PEREIRA, E. M. (Org.). **Cartografia do trabalho docente**: professor(a)-pesquisador(a). Campinas: Mercado de Letras; ABL, 1998.

Um texto já considerado clássico em que são debatidas as relações entre os professores de nível superior e os da educação básica; entre ensino e pesquisa; entre as pesquisas e seu (não) impacto sobre os processos formativos de professores e as políticas públicas de educação. Embora escrito com referência ao caso norte-americano, é surpreendente o grau em que as considerações do autor podem ser generalizadas para uma diversidade de casos nacionais, incluindo aí, claro, o brasileiro.

Gabarito

Capítulo 1

Atividades de autoavaliação

1. c
2. a
3. c
4. d
5. b

Atividades de aprendizagem

Questões para reflexão

1. O estudante tem de demonstrar que é capaz de estabelecer relações entre a época em que vive e as passadas, de uma forma que seja empiricamente demonstrável.
2. O aluno deve enfatizar as diferenças de forma (discursivas, retóricas etc.) entre as diferentes mídias analisadas.

Atividade aplicada: prática

1. O estudante deve ser capaz de relacionar as diferentes experiências de vida ao capitalismo fordista (para o entrevistado mais velho, por hipótese, aposentado) e à era do capitalismo globalizado (para o entrevistado mais jovem, ainda na ativa).

Capítulo 2

Atividades de autoavaliação

1. b
2. d
3. a
4. c
5. a

Atividades de aprendizagem

Questões para reflexão

1. O aluno deve ser capaz de distinguir, no comportamento dos professores analisados, as características da educação tradicional em contraste com a conscientizadora.

2. O aluno deve demonstrar cultura geral, erudição, ao citar suportes informacionais não diretamente relacionados com o trabalho acadêmico e escolar.

Atividade aplicada: prática

1. O estudante deve ser capaz de buscar informações sobre as políticas locais a respeito do tema e fazer uma avaliação, ao menos preliminar, sobre os resultados que elas vêm obtendo.

Capítulo 3
Atividades de autoavaliação

1. c
2. a
3. c
4. d
5. a

Atividades de aprendizagem

Questões para reflexão

1. O estudante deve exibir habilidades redacionais e sensibilidade para o desenvolvimento da consciência histórica, no que se refere à descrição do museu e aos usos possíveis de seus espaços para o processo de ensino-aprendizagem.
2. Independentemente da fonte escolhida, o aluno deve demonstrar domínio sobre os procedimentos de identificação, contextualização e sobre as condições sociais de produção, crítica interna e externa, problematização etc.

Atividade aplicada: prática

1. O aluno deve ser capaz de formular um conjunto de perguntas que permitam respostas objetivas e comparáveis, pertinentes ao tema da pesquisa que escolheu.

Capítulo 4

Atividades de autoavaliação

1. c
2. d
3. a
4. b
5. d

Atividades de aprendizagem

Questões para reflexão

1. O estudante deve ser capaz de verbalizar de que forma a experiência escolhida é pertinente ao que propõem os PCN.
2. O aluno deve ser competente para avaliar se a experiência que está relatando é aplicável à realidade na qual ele vive e trabalha.

Atividade aplicada: prática

1. O aluno deve demonstrar conhecimento da historiografia relativa ao tema em exame e avaliar se o conteúdo do livro didático é satisfatório, controverso ou ultrapassado.

Nota sobre o autor

Dennison de Oliveira é doutor em Sociologia (1995) e mestre em Ciência Política (1991) pela Universidade Estadual de Campinas (Unicamp); bacharel e licenciado em História (1987) pela Universidade Federal do Paraná (UFPR). Publicou, entre outros, os seguintes livros: *Curitiba e o mito da cidade modelo* (2000), *Os soldados brasileiros de Hitler* (2008), *Os soldados alemães de Vargas* (2008) e *História do Brasil – política e economia* (Ibpex, 2009). Foi também coordenador da coletânea *O túnel do tempo: um estudo de história & audiovisual* (2010). Atualmente, desenvolve projetos de pesquisa sobre as relações entre história e recursos audiovisuais, em diálogo com história contemporânea e história militar.

Impressão: Reproset
Maio/2015